Mitos y territorios teatrales

María Natacha Koss

Mitos y territorios teatrales

Argus-*a*
Artes & Humanidades
Arts & Humanities

Buenos Aires, Argentina - Los Ángeles, USA
2021

Mitos y territorios teatrales

ISBN 978-1-944508-37-1

Ilustración de tapa: Foto de la obra *Tebas Land*, gentileza de Fabián Pol
Diseño de tapa: Argus-*a*.

© 2021 María Natacha Koss

All rights reserved. This book or any portion thereof may not be reproduced or used in any manner whatsoever without the express written permission of the publisher except for the use of brief quotations in a book review or scholarly journal.

Editorial Argus-*a*
16944 Colchester Way,
Hacienda Heights, California 91745
U.S.A.

argus.a.org@gmail.com

Para Marcelo, Malena y Tadeo.
Siempre.

ÍNDICE

Cuestiones preliminares — 1
1. Cartografía geográfica — 4
2. Cartografía cultural — 6
3. Cartografía antropológica — 7

El pensamiento cartografiado aplicado al análisis del teatro — 11
1. William Shakespeare y sus apropiaciones en Europa y América — 11
   1.1. Shakespeare en Río de la Plata colonial — 11
   1.2. Perspectivas de Shakespeare en las dramaturgias de adaptación — 13
      1.2.1. *Cruel* (Basada en la tragedia de *Ricardo III*) — 21
      1.2.2. *La fiesta del Viejo* — 23
      1.2.3. *Mar de Troya* — 25
   1.3. Shakespeare en territorio francés — 29
2. Federico García Lorca, entre España y América — 38
3. Tiempo de clásicos. Sófocles, entre Francia, Uruguay y Estados Unidos — 53
   3.1. El teatro en el territorio del cine — 53
   3.2. Entre realidad y ficción, entre Europa y América — 69
4. La Biblia, territorio universal — 79

Cartografía virtual — 85

Bibliografía — 91

CUESTIONES PRELIMINARES

Artistas e investigadores tienden a coincidir en que el teatro es, desde sus orígenes, un acontecimiento territorial. El aquí y ahora, la confluencia en el tiempo y el espacio han sido, hasta la encrucijada del siglo XXI, sus características excluyentes. Asimismo, desde el aporte teórico y metodológico de la Filosofía del Teatro, venimos explorando el concepto de territorio con el fin de encontrar una metodología de análisis propicia para los intercambios, intertextos, influencias y reescrituras dramáticas, especialmente aquellas que tuvieron lugar entre Europa y América. Siguiendo a Llanos-Hernández, creemos que en el medio académico y considerando los estudios realizados en el siglo XXI, "el concepto de territorio ha desbordado los límites fronterizos del pensamiento geográfico, para adquirir cada vez más una mayor relevancia al interior de otras disciplinas de las ciencias sociales, tal como ha venido aconteciendo en la sociología, la antropología o la economía. Esta apropiación del concepto forma parte de los cambios teóricos y conceptuales que desde los enfoques disciplinarios, interdisciplinarios o transdisciplinarios ocurren en las ciencias sociales, los cuales buscan explicar la complejidad de los procesos sociales que ocurren en la actualidad en un contexto de mundialización de la economía, la cultura y la política; proceso que ha colocado a la dimensión espacial de los acontecimientos sociales en la misma tesitura que la vertiente temporal, la cual va a estar presente en la interpretación de la historia misma que alcanzó un papel relevante en el estudio de los acontecimientos durante el curso de la época moderna" (Llanos-Hernández, 201). Si bien coincidimos con García Canclini en que las condiciones sociales de las comunicaciones han desbordado a las condiciones geográficas, identificamos igualmente una cualidad re-accionaria en el teatro. Su carácter convivial y territorial (Dubatti, 2008) se resiste a la dimensión vir-tual que impone la nueva tecnología, especialmente las redes sociales.

En este sentido, el Teatro Comparado promueve el análisis del teatro y de los discursos que sobre él se producen desde perspectivas de territorialidad, inter-territorialidad y supra-territorialidad, superando así las formulaciones teórico-metodológico-epistemológicas de internacionalidad y supranacionalidad, perimidas al entrar en cuestionamiento el concepto de nación (Guillén, 1985). Además, impulsa el trabajo con una cartografía radicante (Bourriaud) que, como veremos más adelante, promueve en definitiva un pensamiento cartografiado y un diálogo de cartografías. Por las características del acontecimiento teatral, invita a revisar las nociones de globalización, localización, mundialización, interculturalidad y multiculturalismo, regionalismo, fronteras y borde. Por lo tanto, la historia del teatro (tanto del pasado como el reciente) debería diseñarse como una imagen múltiple y compleja, considerando su polifonía y sus relaciones e intercambios con el teatro de diversas latitudes.

Asimismo, partimos de la premisa que considera que la estética del nuevo siglo es la estética radicante, en el sentido de un "término que designa un organismo que hace crecer sus raíces a medida que avanza. Ser radicante: poner en escena, poner en marcha las propias raíces en contextos y formatos heterogéneos, negarles la virtud de definir completamente nuestra identidad, traducir las ideas, transcodificar las imágenes, transplantar los comportamientos, intercambiar en vez de imponer. ¿Y si la cultura del siglo XXI se inventara con esas obras cuyo proyecto es borrar su origen para favorecer una multiplicidad de arraigos simultáneos o sucesivos?" (Bourriaud, 22)

Como podemos ver, se diferencia del concepto de rizoma desarrollado por Deleuze y Guatarri, en el cual el sujeto es borrado por una multiplicidad de ramas de pensamiento sin jerarquías ni trayectos. En esta nueva era los artistas no olvidan sus raíces pero lo que más importa es el futuro, el rumbo que han decidido darle a sus pasos. La cartografía teatral requiere entonces, al decir de Dubatti, una *actitud radicante* que permita desarrollar una teatrología que piense al teatro como un fenómeno primordialmente territorial. Así, se promueve el trabajo en torno a conceptos y palabras que provienen de la praxis, de la observación de los devenires específicos del teatro en cada territorio, en detrimento de las nociones totalizadoras o de pretendida universalidad. Desarrollar un pensamiento cartografiado es, entonces, construir una agenda territorializada que no esté marcada por teorías o textos, sino por experiencias concretas de cada campo teatral y sus peculiaridades, que no excluye la posibilidad del diálogo con otras cartografías.

Finalmente, dentro de las cuestiones preliminares, es fundamental considerar los problemas de los mitos y los imaginarios para la conformación de las territorialidades. Definimos al imaginario (*l'Imaginaire*) como el conjunto de imágenes mentales y visuales mediante las cuales el individuo, la sociedad y el ser humano en general organiza y expresa simbólicamente su relación con el entorno. Pensando al ser humano como *homo symbolicus*, tanto Gilbert Durand como Claude Lévi-Strauss constatan, por ejemplo, que la expresión del mito no puede ser reducida a estructuras lingüísticas. Tampoco admite la traducción. Sólo el relato, la ficción, la imagen y -sobre todo- la experiencia dan cuenta de la naturaleza del mito y lo imaginario. La imagen no puede ser reducida a una estructura lingüística, a una serie de filiaciones históricas o a un encadenamiento de significados. Sólo la imagen puede explicar la imagen y confesar así la imposibilidad de una aprehensión total. Pensando en teatro y territorio, podríamos postular que se trata también de una construcción imaginaria. Así como el mito no es una mera construcción lingüística, el territorio tampoco es una mera delimitación físco-geográfica. Y, en consecuencia, el teatro que allí se despliega tampoco lo es.

Es por eso que postulamos que, para un estudio cartográfico y comparatístico del teatro, deberíamos considerar tres tipos de cartografías diferentes. Desde ya anticipamos que esta separación es fruto de la conveniencia analítica, pero la circulación *intercartográfica* es permanente, fluida y determinante para cada categoría.

1. Cartografía geográfica

Denominamos *cartografía geográfica* a la manera objetiva y convencional (en el sentido de convenciones de su representación) que ha tenido el ser humano para construir el mundo que habita. En su origen etimológico se evidencia el vínculo con la escritura y el diseño de mapas, a la vez que su sentido abarca también la ciencia que estudia dichas producciones. La carta geográfica delimita una porción de superficie terrestre, mientras que también analiza medidas y datos de regiones de la Tierra para representarlas gráficamente con diferentes dimensiones lineales. La Asociación Cartográfica Internacional (International Cartographic Association, https://icaci.org/) define a la cartografía como la disciplina relacionada con la concepción, producción, diseminación y estudio de mapas.

Pero este mapa físico, fruto del trabajo cartográfico y que varía muy lentamente, deviene inmediatamente en un mapa político que se modifica a gran velocidad y condiciona, en consecuencia, la vida social y económica de las personas[1]. Suele traducirse en esquemas de dominación y/o posesión colectiva. En su vínculo con los mundos empíricos requiere un consenso global que, en caso de no existir, provoca conflictos que pueden derivar en guerras, invasiones, etc. Los límites de estas fronteras se construyen y deconstruyen al pulso de los avatares políticos, desde la antigüedad hasta nuestros días. Pongamos un ejemplo muy sencillo: decir España hoy en día, no es lo mismo que decir España en el siglo XVII. El territorio objetivo que abarca es infinitamente inferior.

Pero el tema se complejiza si consideramos que, hasta hace unos pocos cientos de años, el mundo era objetivamente plano. De hecho,

---

[1] Si bien entendemos que el mapa político está más sometido al orden de lo social que al orden de la naturaleza terrestre, lo incluimos en esta sección pues deviene en un dato objetivo comúnmente compartido que organiza la vida global.

el movimiento de terraplanistas sigue sosteniendo esta teoría al día de la fecha[2].

Por lo tanto, más allá de que las ciencias geográficas se hayan especializado a lo largo de los años en sus metodologías, el componente imaginario es fundamental para la organización objetiva de los datos de la empiria. Como sostuvimos anteriormente, los imaginarios colectivos conforman singulares matrices de sentido existencial, elementos indispensables en la elaboración de sentidos subjetivos atribuidos al discurso, al pensamiento y a la acción social. Asimismo, tienen un carácter dinámico, incompleto y móvil; de esta manera, su poder para operar en las acciones de los individuos a partir de procedimientos socialmente compatibles, los constituyen en elementos de cooperación en la interpretación de la realidad social. Así, los componentes para la organización del mundo que posibilitan todo tipo de construcciones sociales, se organizan a partir de datos que provienen de la empiria casi en la misma proporción de los que provienen de los imaginarios.

Curiosamente, el mismo procedimiento que usamos para construir nuestro común mundo compartido, lo encontramos en la construcción de mundos poéticos, especialmente en aquellos vinculados al universo de lo maravilloso, de lo fantástico o de aventuras. Si hay algo que vincula a *El señor de los anillos* con *Harry Potter* y *Juego de tronos*, es la necesidad de sus autores de crear un mapa que organice el mundo y que, sin excepción, colocan al principio de la narración. De hecho, en su versión televisiva, los créditos de *Juego de tronos* se desarrollaban sobre un mapa. Son estos mapas explícitamente ficticios la condición de posibilidad para que el mundo poético exista, el *a priori* sobre el que se desarrolla la narrativa.

La lógica de estos universos fantásticos duplica el funcionamiento de la lógica en el mundo "real". Construimos un mapa a partir

---

[2] Véase al respecto la nota publicada por la BBC en su formato online, "Por qué hay gente que aún cree que la Tierra es plana", disponible en https://www.bbc.com/mundo/noticias-37954365

del cual podemos pensarnos identitariamente como "europeos", "latinoamericanos", "italianos" o "chilenos". Y no nos referimos solamente al dibujo cartográfico sino también a los valles y montañas, los ríos y praderas. Más allá de que nunca los lleguemos a conocer en vivo y en directo, organizamos en nuestra mente el paisaje, el territorio. Y sobre ese *imaginaire* operamos en la realidad y organizamos nuestras vidas.

2. Cartografía cultural

Los mapas también describen el desenvolvimiento espacial de las relaciones sociales que establecen los seres humanos en los ámbitos cultural, social, político o económico. Son un referente empírico, pero también representan un concepto propio de la teoría. En este sentido, la Sociología de la Cultura brinda herramientas para pensar al territorio como un conocimiento que se construye en la(s) disciplina(s) social(es), tomando en cuenta que sus contenidos cambian conforme se transforman las relaciones sociales en el mundo. En el territorio estarán presentes las relaciones de poder que se organizan en una época determinada, "las prácticas espaciales y temporales nunca son neutrales en las cuestiones sociales. Siempre expresan algún tipo de contenido de clase o social, y en la mayor parte de los casos constituyen el núcleo de intensas luchas sociales" (Goncalvez Porto, 265).

Esta geografía humana también se nutre de los imaginarios sociales. Bronislaw Baczko, en su ya antológico *Los imaginarios sociales. Memorias y esperanzas colectivas*, sostiene que los imaginarios sociales son elementos indispensables en la elaboración de sentidos subjetivos atribuidos al discurso, al pensamiento y a la acción social.

Los mapas sociales no se superponen, entonces, con los mapas políticos. El diseño territorial opera como una definición identitaria específica, micropolítica, en la que se valora la pertenencia como un acontecimiento histórico y que remite a la idea de región (Tossi). Se impugna a la contigüidad territorial como condición necesaria para la formación de una región, pues se sostiene que la geografía ha redundado en regionalizaciones cuya estructura se forma a partir de enfoques sociales, económicos o naturales, mecánicamente aglutinados en esquemas confusos y reduccionistas, fundados en el criterio de la "extensión" o "cercanía" ofrecida por cálculos geométrico-formales. No obstante, afirma Gómez-Lende, una región no se compone necesariamente por la vecindad o proximidad de subespacios preestablecidos: "se asiste entonces al pasaje de una visión horizontal a un enfoque vertical de la región, en el que las solidaridades organizacionales convierten a los lugares en soporte y condición de relaciones globales que de otra forma no se realizarían (...) superponiéndose a los nexos y estructuras orgánicas preexistentes para reestructurar, destruir y recrear sus límites y sus duraciones, es decir, sus escalas" (Gómez Lende, 90).

Las solidaridades organizacionales son las que nos permiten marcar como territorio al Río de la Plata, aunando la producción de diversos dramaturgos o gestores culturales que han desarrollado sus actividades en ambos márgenes del río (y por lo tanto, en dos países diferentes como Uruguay y Argentina) como Florencio Sánchez o José Miguel Onaindia. Nótese además que la Ciudad Autónoma de Buenos Aires está más cerca de Montevideo que de Pergamino, si tenemos en cuenta el mapa socio teatral y no el geográfico.

3. Cartografía antropológica

La noción de cuerpo como territorio no es algo novedoso. Recordemos simplemente los valiosos estudios de Elina Matoso presentes en *El cuerpo, territorio escénico* y *El cuerpo, territorio de la imagen*. O *Scène et la fabrique des corps. Ethnoscénologie du spectacle vivant en Occident* de Jean-Marie Pradier.

No obstante, el gran desarrollo del movimiento feminista del último lustro ha puesto al cuerpo en primerísimo plano, considerandolo como un territorio con derechos. *Geografías feministas para mapear el cuerpo-territorio* de Diana Lan, *Mi cuerpo, mi primer territorio* (libro editado por la Alcaldía Mayor de Bogotá, para el trabajo en el aula del Ciclo Inicial -Prejardín, Jardín y Transición- en 2013) o las Jornadas de FLACSO *Mapeando el cuerpo territorio*, ponen en evidencia que la geografía del cuerpo es también un campo de batalla y un territorio a liberar.

Como sabemos, la domesticación del cuerpo fue profusamente trabajada por Michel Foucault en gran parte de su bibliografía. Sin embargo, la consideración del cuerpo como territorio vuelve el problema a la dimensión antropológica e instala, para la teatrología, un campo de estudio excepcional.

Si consideramos con la Filosofía del Teatro que, tanto en su definición lógico-genética como en su definición pragmática, postula que el teatro en tanto acontecimiento tiene su base en el convivio, el cuerpo-territorio del espectador y el del artista se evidencian como matrices de sentido desde su organización espacial pero también desde su imposición corporal. Sentarse en una butaca, en el piso o permanecer de pie, construyen desde el acontecimiento convivial unas reglas expectatoriales específicas. Asimismo, el cuerpo-territorio del artista enuncia, significa y contagia desde su propia constitución natural-biológica. Recordemos por ejemplo el caso de Jacinta Petrazza quien, anticipándose a Sarah Bernard, en 1882 en el Río de la Plata encarna al príncipe Hamlet. El cuerpo de una mujer representando a un personaje varón modaliza la *poíesis*, de la misma manera que cuando un varón encarna a un personaje femenino como, de hecho, sucedió en el teatro occidental durante casi 2000 años.

Si el cuerpo instala la *poíesis* en el territorio teatral, le aporta también el significante que modaliza el significado (en términos saussurianos). Así como el cuerpo danza su propia cultura, los Estudios de Presencia posibilitan su estudio desde la Antropología Teatral y la Etnoescenología. "Pensar la presencia –afirma Gilberto Icle– podría significar pensar el cuerpo en su materialidad no-expresiva, o sea, en su potencia presencial. Esa presencialidad, esa capacidad de hacerse presente –autónoma, pero no independiente de un significado y de su interpretación– implica un estudio específico y una visión más allá de la descodificación a la cual los estudios literarios, semióticos y hermenéuticos nos acostumbraron" (Icle, 4).

El pensamiento cartografiado aplicado al análisis del teatro

1. William Shakespeare y sus apropiaciones en Europa y América

Creemos que hay textos dramáticos de una especial potencia creativa que, aún muerto el teatro que les dio la vida, siguen interpelando y produciendo en el presente. Ítalo Calvino ya lo dijo: "Los clásicos son esos libros que nos llegan trayendo impresa la huella de las lecturas que han precedido a la nuestra, y tras de sí la huella que han dejado en la cultura o en las culturas que han atravesado (o más sencillamente, en el lenguaje o en las costumbres)" (Calvino, 122). Tal es el caso de Shakespeare, uno de los autores más releídos y recreados. Las apropiaciones shakesperianas se generan a través de reescrituras que implican el diseño de políticas de la diferencia, adaptación y resignificación de los textos, transformados en nuevos textos. Se ponen en juego las variables de la territorialidad, variables poéticas, culturales, sociales, políticas, económicas en cada contexto. Para comprender qué hacen los artistas de los teatros con Shakespeare es necesario estudiar esas reescrituras, hasta hoy apenas consideradas.

1.1. Shakespeare en el Río de la Plata colonial

Estudiar los devenires del teatro de William Shakespeare desde finales del siglo XVI hasta nuestros días, requiere no sólo un reconocimiento histórico específico del período (cosmovisión isabelina, repertorio y poéticas teatrales del Medioevo y del renacimiento, técnicas de actuación, etc.) sino fundamentalmente una composición de los tránsitos territoriales y las reescrituras. Consideremos por ejemplo que, desde los inicios, Shakespeare llegó al Río de la Plata como un proceso de reescritura, por lo que resulta imperativo historizar las traducciones y versiones. Pero no sólo la documentadísima intermediación volteriana, sino también la de los arregladores (como el caso de Jean-François Ducis) y, por supuesto, la de los prerrománticos alemanes. Pedro Luis Barcia sostiene que en Argentina el año verificable como inicial de las representaciones shakesperianas es 1821, cuando Luis Ambrosio Morante traduce *Hamlet* de la versión francesa de Ducis. Esa traducción está perdida, pero sabemos que en el "original" de Ducis el monólogo "ser o no ser" no sólo no estaba sino que, además, Ofelia aparecía como hija de Claudio y no de Polonio. Hay otras obras del dramaturgo inglés que se registran en el mismo período y que aparecen publicadas en los periódicos como *Ofelo, prodigioso negro de Venecia; Montegón y Capuleto, o el odio llega a la tumba; Macbé, o los remordimientos*. Si bien no nos han llegado todos los originales, no nos es difícil intuir que esas reescrituras sometieron a las obras shakesperianas a importantísimas modificaciones en la forma y en el fondo.

Sí sabemos que en la puesta de *Otelo* de 1822, por ejemplo, Desdémona pasa a llamarse Edelmina. Además, el engaño del pañuelo deviene en una tiara que le había regalado el moro y una carta en la que ella renunciaba al matrimonio con Otelo. Se reducen los personajes y aparecen nuevos, como el hijo del Dux (pretendiente de Edelmina). Yago es Pésaro, con una psicología muy diversa. Otelo es "un poco morocho", apuñala a su esposa y antes de suicidarse encuentra una explicación para el comportamiento de su amada: "Nunca hubiera creído en una joven tan tierna una altivez tan descarada; el efecto del clima…". Como sostiene Barcia, de todos los estudios exegéticos que la obra ha tenido a lo largo del tiempo, ninguna hay que, como esta versión de 1822, asocie a cuestiones meteorológicas el comportamiento de los personajes.

Coincidimos con Martin Esslin cuando afirma que sólo la Biblia rivaliza con Shakespeare en capacidad arquetípica. Pero sostenemos también que es una construcción histórico-territorial que requiere para su estudio un recorrido cartográfico, en donde se puedan superponer los mapas geográficos, culturales y antropológicos, para entender a Shakespeare en el mundo contemporáneo.

1.2. Perspectivas de Shakespeare en las dramaturgias de adaptación

La dramaturgia de adaptación es una de las modalidades más frecuentes de vinculación de los escenarios locales con el teatro extranjero y, especialmente, con el teatro de épocas lejanas. Llamamos adaptación teatral al trabajo consistente en la reescritura teatral (dramática y/o escénica) de un texto-fuente (teatral o no) previo, reconocible y declarado, versión elaborada con la voluntad de aprovechar la entidad poética del texto-fuente para implementar sobre ella cambios de diferente calidad y cantidad.

Como sostiene Jorge Dubatti, el reconocimiento de la categoría dramaturgia de adaptación resulta una de las conquistas más valiosas de la disciplina Teatro Comparado y se conecta, además, con la ampliación del concepto de texto dramático consolidada en la Argentina de los años de Postdictadura, relacionable a su vez con las categorías de dramaturgia de dirección y de actuación.

Con respecto al tema que nos convoca, la nueva dramaturgia resultante funciona como camino paralelo, vale decir, como recorrido de la permanencia de la obra isabelina y la política de la diferencia operada por la mirada del presente. A través de este procedimiento creativo, el tercero excluido se anula: estas obras son de Shakespeare y no son de Shakespeare a la vez.

Los estudios sobre el Bardo en la territorialidad de la Inglaterra de los siglos XVI y XVII nos demostraron que el teatro de Shakespeare que se hace en la territorialidad latinoamericana es muy diferente. Por otra parte, los diferentes campos teatrales de Latinoamérica se apropian de los textos de Shakespeare de acuerdo a sus políticas de reescritura, que ponen en juego las variables de otras territorialidades (variables poéticas, culturales, sociales, políticas, económicas en cada contexto).

Claudio Guillén, en sus ya clásicos volúmenes *Entre lo uno y lo diverso: introducción a la literatura comparada (ayer y hoy)* y *Múltiples moradas: ensayo de literatura comparada*, ha sistematizado las bases de la investigación comparatística. La cuestión privilegiada de este campo de estudios es, claro está, las mutaciones y permanencias, ya que toda obra opera sobre una triple vinculación: con el universo artístico en el que se imbrica (cine, teatro, literatura, etc.), con el mundo y consigo misma.

Es notable de qué manera esta teoría parece casi replicar los estudios sobre el mito. Jean Rousset, al analizar al Don Juan, sostiene que un mito es básicamente una historia que no viene de ningún sitio, en el sentido de que son relatos anónimos que sólo existen a través de narradores intercambiables. Por lo tanto las obras individuales son mitos en potencia, pero su adopción en el modo colectivo es lo que actualiza su miticismo. Esta adopción colectiva a través de la vulgarización de los aspectos más sobresalientes del relato y/o la iconografía, supone una libertad de anclaje y un significante disponible. O en términos de Mieke Bal, elementos jerárquicos no catalizables (fundantes de las respectivas fábulas y, en consecuencia, configuradores centrales de la poética) y elementos catalizables.

Apropiándonos de la propuesta de Eduardo Grüner en la cual la trasposición es una decisión estética y política, sostenemos que el teatrista, al "usar" a Shakespeare, elige y ordena pero, además, elimina aquello que no considera definitorio para ser narrado en su adaptación. De este modo, se enfrenta a un proceso de selección y en cierto modo, de reelaboración. Por tanto, ¿podemos hablar de creación nueva? Nosotros creemos que sí y hemos denominado a ese proceso dramaturgia de reescritura, ya que en el trabajo se crea un lenguaje nuevo y diferente y en consecuencia podemos hablar de obras independientes.

Parafraseamos a Santiago Kovadloff y su tan mentada "Escribir es corregir. Todo lo demás es catarsis", enunciamos una de nuestras premisas genettianas: todo el arte es palimpsesto, pues todos somos la sumatoria de las obras que hemos visto, leído, percibido, escuchado. Al igual que los mitos, el arte se funda sobre un proceso de re-escritura permanente.

Para la determinación y el análisis de estos procesos, creemos necesario tener en cuenta tres áreas

1) Contenido o Fábula (¿qué se cuenta?): contenidos de la historia (unidades narrativas, temas, motivos, personajes, ideas, símbolos) distinguiendo entre
   a) las unidades constitutivas invariantes (para *Otelo*, por ejemplo, el feminicidio);
   b) las unidades constitutivas variantes (siguiendo con Otelo, que la acción transcurra entre Venecia y Capri).

2) Expresión o Discurso (¿cómo se cuenta?): articulación estética de los componentes de la fábula. Conjunto de procedimientos organizados por selección y combinación. Perspectivas sintácticas, morfológicas, lingüísticas, matrices de representatividad, etc.

3) Semántica del texto: producción de sentido. Semiosis, metáfora epistemológica, etc. Sin embargo, también sostenemos que una obra es mucho más que su estructura, que "lo que se ve". Esta propuesta supera ampliamente las relaciones entre texto y contexto, ya que el "contexto" no sería algo por fuera del "texto", sino un aspecto constitutivo del mismo. Por lo tanto, en el análisis, coincidimos con Dubatti en el hecho de que debe considerarse a la obra como un triple entramado entre la estructura (fábula, procedimientos, etc.), el trabajo humano (condiciones de trabajo, estudio de génesis, historicidad, etc.) y la concepción poética. Esta última se refiere a la forma en que, ya sea práctica (implícita) o teóricamente (explícita), las artes se conciben a sí mismas y conciben sus relaciones con el concierto de lo que hay/existe en el mundo (el hombre, la sociedad, lo sagrado, el lenguaje, la política, la ciencia, la educación, el sexo, la economía, etc.).

Estos tres ángulos (no niveles) remiten a una misma unidad: la poética. Por lo tanto se fusionan íntimamente en el mismo objeto, son maneras diferentes de abordar el mismo objeto. Si bien los tres ángulos enfocan una misma unidad, la concepción modaliza la totalidad: trabajo y estructura cambian en su estatuto de acuerdo a la concepción con la que se los relacione.

Teniendo esta base podemos, entonces, proponer junto con la Poética Comparada una primera aproximación tipológica de recreaciones a través de la reescritura.

1) Clásica: muy cercana al original literario. Implementa cambios solamente en zonas catalizables.

2) Estilizante: si bien también es muy cercana, se toma libertades importantes en cuanto a la modificación de la fábula, profundizando la novedad y la singularidad. Los cambios más importantes pasan por los procedimientos estéticos, aunque no afectan decisivamente a los componentes no catalizables. Transforman con nuevos matices la semántica resultante.

3) Paródica (en su doble concepción de burla y homenaje): hay una deliberada reversión del texto fuente.

4) Libre: toma al texto fuente como excusa, como basamento o inspiración. La reelaboración es radical.

En el mundo contemporáneo, la productividad en los procesos de reescritura inclina la balanza de esa rivalidad hacia el dramaturgo inglés. Pero esta dramaturgia original (poco importa que sea clásica, estilizante, paródica o libre) implica una traducción, vale decir, una interpretación: "la traducción no es la traslación a una lengua distinta del léxico y de la sintaxis de la original, sino que implica, ante todo, una traslación de las circunstancias temporales. Incluso si el traductor nos ofrece una versión arcaizante y estilizada, no dejará de ser una versión de su tiempo, elaborada desde su propia poética; es como si alguien compone ahora un poema en alejandrinos, en tridecasílabos o en verso libre. La traducción es siempre contemporánea; aunque el traductor no sea consciente de ellos o intente ignorar este hecho" (Kott, 2007).

La cartelera correspondiente a la Ciudad Autónoma de Buenos Aires del período 2017-2018, por ejemplo, parece darle la razón tanto a Esslin como a Kott. Los estrenos de este período ponen en evidencia la vigencia del "mito shakesperiano"

1. Shakespeare en la Terraza. Dirección: Agustín León Pruzzo
2. La violación de Lucrecia. Dirección: Mónica Maffía
3. Shakespeare inédito. Dirección: Ricardo Behrens
4. Shakespeare Todos y ninguno. Dirección: Jorge Vitti
5. Las horas negras. Trilogía de Shakespeare en miniatura. Dirección: Romina Herrera
6. La Shakespeare. Dirección: Sirley Martinez Santos
7. Lo que Shakespeare contó y lo que no contó
8. 3 8 S M Shakespeare Material - De Laurent Berger
9. Sedúceme Shakespeare. Dirección: Mabel Galarza
10. Aproximaciones a Shakespeare. Dirección: Norma Angeleri
11. Hamlet, no es su propio primo. Dirección: Melisa Hermida
12. Yo Ella Hamlet - Mi Padre Hamlet. De Rubén Scattareggi
13. Origen Hamlet. De Sergio Martínez
14. Malambo Esotérico: looking for Hamlet. De Gustavo Alejandro Brenta
15. Hamlet, episodios de la ratonera nacional. Dirección: Gino Domingo Fusco
16. Hamlet ruso. Dirección: Julio Bocca
17. Hamlet, la maldición de ser... Dirección: Alejandro Conte
18. HAMLET, the Musical. Dirección: Pato Chami
19. Hamlet, Príncipe de Barracas. Dirección: Pablo Di Felice
20. Break Hamlet. Dirección: Cristian Rodrigo Cabrera

21. Cielo es una máquina. Hamlet está muerto sin fuerza de gravedad. Dirección: Juan Comotti
22. To be or not to be, un recorrido sobre Hamlet
23. Romeo y Julieta, El Musical. Dirección: Nahuel Bidegain
24. Romeo y Julieta. Dirección: Ariadna Bufano
25. Romeo y Julieta. De bolsillo
26. Juan Romeo y Julieta María
27. Romeo y Julieta, una mirada distinta
28. ROMEO Y JULIETA, una obra en construcción. Dirección: Pablo Di Felice
29. CRUEL - Una pieza teatral fundada en Ricardo III. Dirección: Marcelo Savignone
30. Ricardo III. Dirección: Jacqueline Roumeau
31. Ricardo III. Dirección: Francisco Civit
32. Malambo para Ricardo III. De Claudio Nadie
33. Rey Lear. Dirección: José María Gatto
34. Rey Lear. De Rodrigo Garcia. Dirección: Emilio García Wehbi

Pero esta productividad se torna mucho más evidente si ampliamos el período. Durante la década 2008-2018, se estrenaron 369 obras vinculadas al imaginario shakesperiano.

Para sistematizar este extenso listado, hemos elaborado un cuadro que nos permite ver con mucha claridad las mayores recurrencias en las reescrituras.

Como se desprende del mismo, el interés del campo argentino pasa por las tragedias (con la gran excepción de *Sueño de una noche de verano*) y relega a un segundo plano los dramas históricos. Nuestra hipótesis es que eso se debe a dos causales: en primer lugar, las tragedias han sido mucho más difundidas también en términos internacionales y no solamente en teatro, sino también en medios audiovisuales. La contemporaneidad de estas producciones radica en la conformación de invariantes míticas que pueden reconocerse incluso en las producciones pasivas, como las telenovelas. La condensación melodramática del amor imposible en *Romeo y Julieta* (por ejemplo), deja de lado en las reescrituras contemporáneas la cosmovisión isabelina (Tillyard). Ésta consiste en la consideración de un orden político indisociado de orden cósmico, articulado alrededor de tres aspectos: una cadena, un conjunto de correspondencias y una danza. El universo medieval está, entonces, ordenado según un sistema fijo de jerarquías, pero modificado por el pecado del hombre y por la esperanza de su redención. Cada partícula de la creación era un eslabón de la cadena y cada eslabón, salvo los de los extremos, era simultáneamente mayor y menor que los demás. Esta cadena del ser hacía vívida la idea de un universo relacionado, donde ninguna de sus partes era superflua, y la función del hombre dentro de la cadena del ser es unir los distintos elementos de la creación. La cadena no es sólo vertical sino que también, horizontalmente, tiene una serie de correspondencias. Por ejemplo, las tormentas y terremotos tienen su correlato en las tempestuosas pasiones del hombre. Asimismo, desde los griegos la creación se presentaba como un hecho de música, pero existía además la noción de que el universo creado se hallaba en estado de música, que era una danza perpetua.

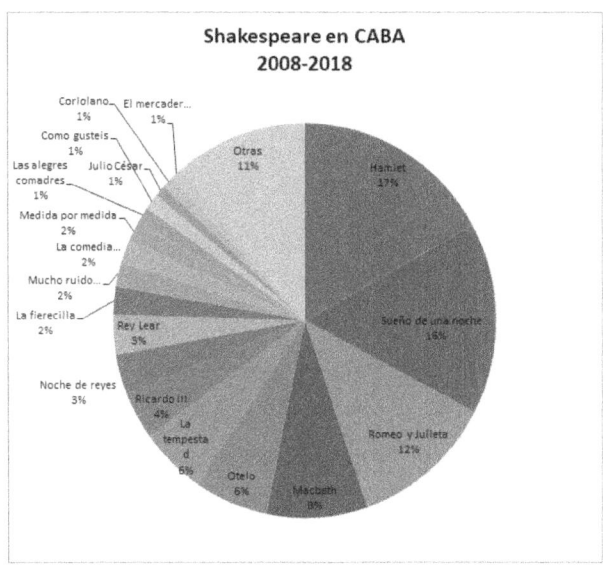

La mejor evidencia de esta cosmovisión la encuentra Tillyard en el Acto II Escena III de *Troilo y Crésida* (*ca.* 1602), cuando Ulises afirma:

> Los cielos mismos, los planetas y este globo terrestre observan con orden invariable las leyes de categoría, de la prioridad, de la distancia, de la posición del movimiento, de las estaciones, de la forma, de las funciones y de la regularidad; y por eso este esplendoroso planeta, el sol, reina entre los otros en el seno de su esfera con una noble eminencia; así, su disco saludable corrige las malas miradas de los planetas funestos, y, parecido a un rey que ordena, manda sin obstáculos a los buenos y a los malos astros. Pero cuando los planetas vagan errantes, en desorden, en una mezcolanza funesta, ¡qué plagas y qué prodigios entonces, qué anarquías, qué cóleras del mar, qué temblores de tierra, qué conmociones de los vientos! Fenómenos terribles, cambios, horrores, trastornan y destrozan, hienden y desarraigan completamente de su posición fija la unidad y la calma habitual de los Estados. ¡Oh! Una empresa padece bastante cuando se quebranta la jerarquía, escala de todos los grandes designios. ¿Por qué otro medio sino por la jerarquía, las sociedades, la autoridad en las escuelas, la asociación en las ciudades, el comercio tranquilo entre las orillas separadas, los derechos de primogenitura y de nacimiento, las prerrogativas de la edad de la corona, del cetro, del laurel, podrían debidamente existir? Quitad la jerarquía, desafinad esa sola cuerda y escuchad la disonancia que sigue. Todas las cosas van a encontrarse para combatirse; las aguas contenidas elevarían sus senos más alto que sus márgenes y harían un vasto pantano de todo este sólido globo; la violencia se convertiría en ama de la debilidad, y el hijo brutal golpearía a su padre a muerte. Cuando la jerarquía está ahogada, he ahí el caos que sigue a su ahogo.

Para ejemplificar lo que venimos desarrollando, queremos referirnos ahora a dos obras surgidas en el período 2017-2018, que ponen en evidencia la gran distancia que nos separa de la cosmovisión analizada por Tillyard. Estrenadas ambas en el circuito independiente, transitaron también el circuito comercial y festivales, tanto en Argentina como en el exterior. Como punto de partida para ambas, proponemos retomar las palabras de Cipriano Arguello Pitt, quien sostiene que "la adaptación reconoce un problema de la literatura y es que cualquier creación tiene una que le precede, no hay originalidad. Hay discusiones, puntos de vistas, particularidades. Una obra, cualquiera que sea se reescribe y se inscribe en su contexto. Por supuesto que esto no es apología del plagio, sino un reconocimiento al diálogo" (Arguello Pitt, 7). Diálogos con Shakespeare podría, entonces, llamarse esta sección.

1.2.1. *Cruel* (Basada en la tragedia de Ricardo III)[3]

Con un proceso de adaptación compartido entre Patricio Orozco y Marcelo Savignone, esta obra retoma a Shakespeare desde un teatro físico, que suma procedimientos del teatro de máscara y de la cinematografía. Simplifica las líneas de acción y el sistema de personajes, con el fin de hablar de una "sociedad enferma por la extrema ambición y la necesidad de poder" (según consta en el programa de mano), y ancla la acción en un cronotopo extrañado. El lenguaje es de Shakespeare, el vestuario apela a cierta neutralidad temporal, la

---

[3] Ficha técnico artística: Concepción: Marcelo Savignone. Adaptación: Patricio Orozco, Marcelo Savignone. Actúan: Lucía Adúriz, Mercedes Carbonella, Agostina Degasperi, Sofía González Gil, Víctor Malagrino, Marta Rial, Pedro Risi, Belén Santos, Marcelo Savignone. Vestuario: Mercedes Colombo. Escenografía: Gonzalo Cordoba Estevez. Iluminación: Nacho Riveros. Redes Sociales: Rakia Comunicación. Realización de máscaras: Alfredo Iriarte. Realización de objetos: Cristian Cabrera. Video: Rakia Comunicación. Música original: Sergio Bulgakov. Fotografía: Cristian Holzmann. Diseño gráfico: Ed. Asistencia de dirección: Chusa Blázquez, Cristian Cabrera. Prensa: Marisol Cambre. Colaboración artística: Maria Florencia Alvarez, Gabriela Guastavino. Dirección: Marcelo Savignone.

escenografía y la iluminación construyen una poética expresionista que aporta el clima pesadillesco, el uso de las máscaras colabora no sólo en la multiplicación de personajes sino sobre todo en la mostración del subtexto, y el proceso dramatúrgico tiende al adelgazamiento de la referencia histórica concreta. Afirma Savignone que "hay una herramienta que a mí me gusta trabajar que es el "lejano reconocible", es decir, aquello que es lejano —Shakespeare, *Ricardo III*, dependiendo de las traducciones— pero en un entorno reconocible. Reconocible pero no al punto de que nos impida el ejercicio de la poesía. Por ejemplo: en lugar de referirnos a Hastings, hablamos del Ministro; en lugar de referirnos a Buckingham, hablamos del Duque. Esto permite que resulte reconocible y que no haya tantas distancias. Pero no llegamos al extremo de hablar de un capataz. Tampoco identificamos a los York y los Lancaster. En ese espacio uno sigue reconociendo a Shakespeare y el autor sigue interpelándonos" (Gómez).

Desterritorialización y reterritorialización como procedimientos constructivos para una obra que ya no se organiza alrededor de un "gran mecanismo" (Kott, 2007), sino fundamentalmente a un mundo sin salvadores, a una "puesta en escena sobre la maldad", como la misma obra declara.

Si Shakespeare reconstruía el orden desestabilizado por Ricardo con la victoria de Richmond, Savignone elige anular al personaje heroico y permanecer en el caos. Asimismo, identifica en las características del personaje una condición transhistórica asociada a la política moderna: "Creo que las palabras de Ricardo adormecen al pueblo porque les dice lo que quieren escuchar, y eso nos adormece, nos calma. Como en las grandes ficciones de la historia de la humanidad, que brindan certezas sobre la incertidumbre de qué es la vida o la muerte. Creo que Ricardo III tiene la misma capacidad que han tenido las grandes doctrinas, las verdades absolutas, para adormecer al pueblo" (Gómez).

1.2.2. La fiesta del viejo[4]

Tomando como punto de partida *El rey Lear*, la propuesta de Fernando Ferrer (estrenada en el Espacio Callejón del barrio de Almagro de la Ciudad Autónoma de Buenos Aires) realiza una operación de reescritura original y creativa. La obra es recontextualizada en un club de barrio porteño y narra la rivalidad entre clubes (el Club Polonia y el Deportivo Francés, ambos del barrio de Almagro), que se superponen con las tensiones contemporáneas de la "grieta" entre neoliberalismo y pensamiento nacional y popular.

La puesta, al igual que en el caso de *Cruel*, apela a la síntesis tanto en cantidad de personajes como en tramas paralelas. Es así que se decide anular la intriga de Gloucester y sus hijos (que en el original duplica la trama de Lear y sus hijas) y se centra en la principal. El punto de partida de la historia es la distribución de una herencia en el marco de la fiesta de cumpleaños del "viejo".

Como en este caso la poética predominante de la obra es el realismo, se realiza una operación sobre el lenguaje, en donde el texto shakesperiano se percibe en pequeñas dosis y se disfruta en el reconocimiento del original.

Asimismo, dentro de los marcos referenciales, la obra excede el cronotopo argentino contemporáneo para proponer una lectura transhistórica. No sólo por su referencia explícita al texto shakesperiano, sino también por el sistema de referencias interno y externo que la obra establece con la segunda guerra mundial. El viejo es un judío polaco que logró escapar de la segunda guerra mundial, pero

---

[4] Ficha técnico artística: Autoría: Fernando Ferrer. Dramaturgia: Fernando Ferrer. Actúan: Moyra Agrelo, Agustina Benedettelli, Julieta Cayetina, Helkjær Engen, Demián Gallitelli, Ezequiel Gelbaum, Clarisa Hernandez, Gonzalo Ruiz, Julian Smud, Ezequiel Tronconi, Abian Vainstein. Vestuario: Marina Claypole, Peta Moreno. Representante: Débora Staiff. Espacio escénico: Romina Giorno. Efectos especiales: Guillermo Toledo. Fotografía: Romina Giorno. Arte: Romina Giorno. Diseño gráfico: Juan Francisco Reato. Asistencia de dirección: Marisol Scagni. Producción ejecutiva: Laura Quevedo. Producción: Fernando Ferrer, Ezequiel Gelbaum, Clarisa Hernandez, Julian Smud. Dirección: Fernando Ferrer

toda su familia terminó en los "trenes", esos que él ve venir en sus "delirios" del Alzheimer. Como consecuencia, el Muro (metafórico) que divide Almagro al que hacen referencia en forma permanente, se multiplica exponencialmente en su semántica: es el muro de la grieta política contemporánea (2017), el muro del gueto, el muro que divide Polonia de la Francia nazi.

Y si ponemos "delirios" entrecomillados, es porque cuando el viejo está en este estado quiebra la cuarta pared e interpela a los espectadores. Su delirio no es otra cosa que la posibilidad de horadar el universo poético y acceder al mundo empírico. Por lo tanto ¿somos los espectadores un "delirio" del viejo, o existimos realmente? Si nosotros existimos ¿entonces los trenes también?

Este énfasis en la liminalidad convivial, se ve finalmente estimulado por el hecho de que los espectadores compartimos los manjares de la fiesta: knishes y vino a la entrada, torta de cumpleaños a la salida. La reivindicación del teatro en su carácter festivo, es lo que termina otorgando la mirada final de la obra.

Como se evidencia hasta ahora, las apropiaciones shakesperianas se generan en Argentina a través de reescrituras que implican el diseño de políticas de la diferencia, adaptación y resignificación de los textos, transformados en nuevos textos.

Pero esto no sucede solamente con el teatro inglés. La dramaturgia de adaptación, como dijimos, es una de las modalidades más frecuentes de vinculación de los escenarios argentinos con el teatro extranjero. Siguiendo otra vez a Dubatti, el reconocimiento de la categoría *dramaturgia de adaptación* resulta una de las conquistas más valiosas de la disciplina Teatro Comparado y se conecta además con la ampliación del concepto de texto dramático consolidada en la Argentina de los años de Postdictadura, relacionable a su vez con las categorías de *dramaturgia de direcció*n y de *actuación*.

Con respecto al tema que nos convoca, la nueva dramaturgia resultante funciona como camino paralelo, vale decir, como recorrido de la permanencia de la obra isabelina y la política de la diferencia operada por la mirada del presente. Como vimos, los dos casos citados son claros ejemplos de esto.

1.2.3. Marde Troya[5]

Troilo y Crésida (1602) es una de las obras menos representadas del canon shakesperiano. Perteneciente al ciclo de las *dark comedies*, fue escrita poco después de *Hamlet*. Retoma mitos del ciclo troyano para proponer una mirada de profundo descreimiento sobre el amor. Los límites del conocimiento, la confianza y la comunicación entre el hombre y la mujer, construyen una reflexión poco optimista sobre los vínculos amorosos.

El barroquismo narrativo habitual de Shakespeare, se despliega en esta obra a través de dos tramas paralelas: por una parte, la historia de amores y traiciones entre Troilo y Crésida; por otra, la intriga política entre Néstor y Odiseo para conseguir que Aquiles vuelva a luchar en la batalla por el bando de los griegos. Pese a lo que pueda sugerir el título de la pieza, es esta segunda trama la que tiene mayor desarrollo y mayor relevancia.

En agosto de 2013, el marplatense Guillermo Yanícola comenzó a darle forma a un proyecto que venía anhelando: hacer una de las obras menos conocidas del autor inglés. Con parte de las actrices y actores con los que había trabajado en *Saldungaray 1938*, *Los que están sentados* y *Fausto y la sed*, el grupo debatió varias posibilidades hasta que finalmente ganó esta *Marde Troya. Versión libérrima de Troilo y Crésida, de William Shakespeare*.

Estrenada en enero de 2015, la pieza nos presenta un excelente ejemplo de adaptación poética. Si después de aquel largo año y medio de trabajo decidieron enfocarse en *Troilo y Crésida* fue, según afirma Yanícola, porque lograron encontrar una hipótesis de puesta en

---

[5] Ficha técnico artística: Dramaturgia y dirección: Guillermo Yanícola. Elenco: Milena Bracciale, María Dondero, Karina Dottori, Claudia Gonzales, Nestor González, Julio Palay, Daniela Parrinello, Hector Perelló, Natalia Prous

escena "que nos sedujo y que provocó una chispa contra el texto de Shakespeare: traerlo a Mar del Plata a la actualidad y que sean dos equipos de hockey femenino"[6]

De esta manera el prólogo original se actualiza en la adaptación, no a través de su función dramática, sino en su articulación con las condiciones de recepción. La actriz que tenía a su cargo al Prólogo, a Agamenón y al Epílogo, era para la fecha de estreno de la obra profesora en Letras. Recordando sus épocas de estudiante inaugura la acción con el siguiente parlamento

> **Prólogo.** La guerra de Troya es así: Helena, UNA REINA griega casada con Menelao, es robada por Paris, un joven y hermoso guerrero troyano. A partir de entonces vive cautiva en Troya extrañando a un marido viejo y decrépito, secuestrada por un amante joven bello y musculoso. Los griegos toman el robo como una afrenta y quieren recuperarla. Eso da inicio a la guerra. ¿Por qué les estoy diciendo esto? ¿Por qué me interesa tanto el tema? Les cuento: soy estudiante de letras y además como consecuencia casi inevitable de haber hecho la secundaria en un colegio religioso, juego al hockey sobre césped. Lo que quiero contarles, porque me llamó mucho la atención, es que lo que pasa en la guerra de Troya, casi exacto, sucedió entre dos equipos de hockey femenino de nuestra ciudad, acá, sí. En Mar del, en "La Feliz". Pero entre mujeres. Fue en un partido muy áspero. Un partido al que los directivos decidieron sumar alargues de 30 minutos hasta que se produjera el desempate, haciendo caso omiso al reglamento de Hockey y a las directivas de la Liga Marplatense, tan encendida estaba la sensibilidad en esos equipos. Se habían jugado ya 7 horas de partido, y seguía cero a cero. Ese alargue ridículo, fue propuesto para resolver el conflicto de fondo: una de un equipo le había robado el marido a una del otro equipo. Como en Troya. Sólo que las mujeres son los

---

[6]Entrevista realizada por la autora en Buenos Aires, 2017

hombres y los hombres, las mujeres. Así las cosas. Esto pasó... no hace mucho, cada tanto a alguna de las protagonistas de aquel épico partido, me la cruzo por Güemes, o llevando a sus chicos al cole. Y quién sabe... quizá alguna de esas jugadoras está hoy acá, entre el público. Es por eso que para resguardar la vida privada y el buen nombre de estas damas, y de las instituciones involucradas, no vamos a dar los nombres reales; los vamos a reemplazar por los nombres griegos y troyanos. Veremos entonces a Ulises... Aquiles... Y yo, que soy el prólogo y como prólogo les hablo. En el equipo griego había una mina muy pero muy concheta, era odiosa. Yo la detestaba. Encima era la capitana del equipo. Acá la llamaremos Agamenón. ¿A que no adivinan qué personaje me tocó hacer? Sí: Agamenón. Así que si ven que Agamenón es exageradamente conchuda, es porque el plus lo pongo yo con mi odio hacia ella. Así lo viví yo: en mi imaginación, los sucesos del partido se mezclaban con los de la guerra de Troya. Y así lo vamos a contar.

La síntesis de esta falsa anécdota da las pautas, entonces, para los principales ejes de adaptación.

En primer lugar, el cambio de cronotopo con dos consecuencias fundamentales: por un lado, por supuesto, el cambio de cosmovisión (los dioses, los reyes, la cadena del ser y el sistema de correspondencias desaparecen en manos de la competencia por el estatus social, materialista y profano). Por el otro, la reconfiguración de la lectura política a través de una crítica social a las clases más acomodadas de la ciudad balnearia. Si Shakespeare usa la guerra de Troya como metáfora de la guerra anglo-española que se estaba librando por esos días, Yanícola la usa como metáfora de una disputa casi doméstica.

En segunda instancia, el reemplazo de la guerra por el deporte es una analogía que, más que distanciar la carga semántica, la acerca. Las peleas en los dos bandos, las luchas de poder internas de cada equipo, las reglas del juego, las burlas y los pases, no hacen sino emular un contexto en el otro. Esto, si bien no es novedad (recordemos que las Olimpíadas nacen como maneras de hacer la guerra entre amigos en tiempos de paz para medir fuerzas y honores) es el gran hallazgo como hipótesis de puesta. Pero no sólo por esa analogía, sino también por la idea de representación reglada, lo que le da una dimensión metateatral. Tanto la guerra de Troya como el deporte como el teatro, se ganan por el conocimiento y usos de sus reglas, por las capacidades técnicas y por la habilidad para la puesta en escena.

Finalmente destaquemos que, sin alterar nombres y roles, invierte los sexos: los personajes masculinos (Agamenón, Ulises, Áyax, Aquiles, Troilo...) pasan a ser femeninos, y viceversa (Helena, Crésida, Casandra, son varones). Inspirado en la experiencia de Daniel Veronese con *Un hombre que se ahoga* (adaptación de *Las tres hermanas* de Antón Chéjov), esta inversión de género (que no se acompaña con travestimientos de ninguna índole, ni siquiera del lenguaje) pone en discusión los roles de hombres y mujeres en el mundo contemporáneo.

De este brevísimo resumen se desprenden muchas de las operaciones que Yanícola realiza sobre la historia del texto-fuente. Por una parte, es evidente el efecto de linealidad y simplificación de la intriga. Comparándolo alternativamente con la versión shakespereana, se observan fácilmente los saltos y la deliberada exclusión de vastas zonas del texto-fuente. En este mismo sentido se justifica la ausencia escénica de numerosos personajes esenciales, como el caso de Néstor. Señalemos otras operaciones destacables:

1. Yanícola descarta actos completos desde el punto de vista de la historia y sus situaciones (en algunos casos sólo toma de ellos expresiones textuales que reinserta en otras situaciones de enunciación);

2. adelgaza la gradación de conflictos, desaparecen las intrigas paralelas, se gana en linealidad. Lo que en el texto de Shakespeare implica mediaciones, dilaciones, intermediarios y desvíos, en la adaptación se vuelve lineal y directo;

3. cambia situaciones: encuentros en interiores desplazan las escenas en la calle o en el campamento, de ahí la preeminencia de las escenas de vestuario;

4. reorganiza el orden y la causalidad de las escenas: la despedida entre Troilo y Crésida y la batalla entre Aquiles y Héctor están trabajadas con temporalidades cruzadas;

5. incluye textos nuevos, fundamentalmente el epílogo, o parlamentos que permiten referir al presente escénico o a niveles metateatrales, como las referencias a Mar del Plata o a Shakespeare.

Las alteraciones cualitativas en la versión de Yanícola son profundas y encuadran en la *adaptación paródica*: si bien sigue de cerca la poética del texto-fuente, incrementa considerablemente la alteración cualitativa e imprime modificaciones a la poética que profundizan su novedad y singularidad. Los cambios recorren todos los niveles y llegan a constituirse en reversiones o inversiones de la poética del texto-fuente. Las modificaciones más relevantes pasan por los procedimientos morfológicos de la poética, aunque también afectan decisivamente a los componentes esenciales de la fábula y transforman con nuevos matices la semántica resultante. En la versión de Yanícola, se realiza una sátira de muchos aspectos de la realidad marplatense actual.

1.3. Shakespeare en territorio francés

La reescritura no sucede solamente por el salto continental. Podemos verificar también que el dramaturgo inglés, siendo apropiado por la dramaturgia francesa, supone una serie de procedimientos y modificaciones que sólo pueden estudiarse desde el cruce poético y el cruce cartográfico.

Analicemos el caso de Eugene Ionesco, quien afirmaba en 1972 en relación a su obra *Macbett*: "nunca escribí con tanto placer sobre temas tan siniestros" (Ionesco, 1972a). Y también admitía que fue gracias a Jan Kott y su libro *Shakespeare, nuestro contemporáneo*, que se había acercado al autor inglés. "Shakespeare was the father of the Theater of the Absurd" (Hess), sostiene, a partir de la lectura de la famosa réplica de Macbeth "La vida no es más que una sombra ambulante, un pobre actor que sobre el escenario se pavonea y sacude en su hora asignada, y después no se oye más; es un cuento contado por un idiota, lleno de sonidos y furia, que no significa nada" (Acto V, Escena 5).

Fruto de esa convicción, intermedidada (como veremos) por Alfred Jarry, es que *Macbett* (1972) llega a escena.

Según Kott, Shakespeare medía el poder de los monarcas según el número de cabezas cortadas; "cuando comencé a escribir *Shakespeare, nuestro contemporáneo* hace más de un cuarto de siglo, yo colocaba una cruz al lado de los personajes muertos en batallas y un punto negro cerca de los que habían sido asesinados o decapitados. En Ricardo III los asesinados eran doce, dos veces más que el número de muertos en combates. Sólo el rey Eduardo IV se fue al otro mundo de muerte natural. Sin embargo no tengo la certeza de que no haya sido "ayudado". Esta estadística muestra claramente que la muerte más frecuente en Shakespeare es la decapitación. Puede ser que sea esta la muerte natural para él" (Kott, 1992)[7].

Concebido en menos de un mes, *Macbett* es un "melodrama más o menos cómico (...) la conclusión de este texto (si es que tiene alguna) es que, todo dictador es paranoico, bien como todos aquellos que se dejan conducir por la ambición política" (Ionesco, 1972a). Por esto sostenemos que, si bien la fuente shakesperiana es indudable, la obra resulta mucho más cercana al *Ubú rey* de Alfred Jarry, de quien el mismo Ionesco se considera afiliado estéticamente.

Como afirma Tahan, *Macbett* trabaja a contrapelo del optimismo político reinante de ese entonces. Y esto se debe principalmente al cambio del final, que subvierte el campo semántico shakespeareano.

---

[7] La traducción es nuestra

Para sistematizar mejor este análisis y recurriendo al Teatro Comparado, haremos un trabajo comparativo entre ambas obras partiendo del sistema de personajes.

Macbeth de Shakespeare	*Macbett* de Ionesco
Sistema de personajes	**Sistema de personajes**
Duncan, rey de Escocia	Duncan y Lady Duncan
Malcolm y Donalbain, hijos de Duncan	Asistente de Lady Duncan
Macbeth, barón de Glamis, luego de Cawdor y después rey de Escocia.	Macol
	Macbeth
Lady Macbeth	Glamiss
Banquo, general en el ejército de Duncan	Candor
Fleance, hijo de Banquo	Banco
Macduff, barón de Fife, Lady Macduff e hijo	Soldados (5)
Lennox, Ross, Mentieth, Angus y Caithness, nobles escoceses	Ordenanza
	Oficial (2)
Siward, general de las fuerzas inglesas, e hijo	Trapero
Las tres brujas.	Monje
Hécate reina de las brujas.	Enfermos (2)
Seyton, armero de Macbeth.	Sirvientes (3)
Asesinos (5)	Invitados (4)
Doctor de Lady Macbeth.	Cazador de Mariposas
Doctor de la corte inglesa.	
Dama, nodriza de Lady Macbeth.	
Portero de la morada de Macbeth.	
Lord escocés opuesto a Macbeth.	
Apariciones, sirvientes, mensajeros, asistentes, soldados.	

Como resulta evidente, la cantidad de personajes es muchísimo menor. Pero además hay algunos cambios sumamente significativos más allá del juego sobre el lenguaje de los nombres (Glamis/Glamiss, Banquo/Banco, etc.). Subrayando estas diferencias, Ionesco aclara que, incluso, "para diferenciarlo del *Macbeth* de Shakespeare, para que fuera pronunciado más fácilmente por los franceses y también porque la verdadera pronunciación escocesa no era Macbeth sino *Macbett*, es que empleé esa grafía" (Stevanovich).

Veamos ahora algunos aspectos de la estructura narrativa que ponen en evidencia nuestra premisa de lectura, esto es, que el *Macbett* de Ionesco opera más con el intertexto ubuesco que con el shakesperiano. Recordemos simplemente, antes de comenzar, que en términos sintácticos la obra no está estructurada en actos sino en cuadros (once en total). Se trata de una obra breve, más breve incluso que el *Ubú rey*. Sistematizamos los principales aportes en los siguientes puntos

1. El cuadro primero recupera un aspecto de la prehistoria de Macbeth, que es el complot de Glamiss y Candor para destronar a Duncan. Siguiendo a Shakespeare, se pinta al comienzo a Macbett como incorruptible y fiel a Duncan, pero es en la constitución de este último donde radica la mayor diferencia. Glamiss dice de él que es "un usurpador, un déspota, un descreído, un ogro, una mula, un ganso". Y en el cuadro tercero, el propio Duncan se presenta rey cruel y cobarde: "Si esta batalla se pierde ¿Dónde me escondo?", dirá.
2. El vínculo más transparente entre Duncan y Ubú acontece en el Cuadro IV, cuando una vez finalizada la revuelta da muerte a los insurrectos en la guillotina mientras toma el té: "Que los soldados seguidores de Candor sean también decapitados con él. No son muchos. Sólo treinta y siete mil", será su orden.
3. Asimismo, en el Cuadro VI, cuando Duncan se enoja con Banco por haber dejado escapar a Glamiss decidiendo, en consecuencia, no otorgarle el ducado prometido, asistiremos al siguiente diálogo:
   – Banco: He ejecutado por miles a vuestros enemigos.
   – Duncan: Os habéis dado ese gustazo (...) Nada puede ser una injusticia si el juez soy yo. ¡Calma, calma! Ya encontraremos otros barones rebeldes a quienes desposeer.
4. Entre las novedades más relevantes está la nueva relación entre Macbett y Banco, ya no como antagonistas sino más bien como dobles. Esta idea aparece tempranamente en el Cuadro II (escena

de la batalla) cuando la didascalia dice: "Entra Banco. Este y Macbeth se parecen. El mismo traje, igual barba. Banco se sienta en un montículo con la espada desnuda entre las manos, que mira reflexivamente. Repetición "Ce" por "Be" del discurso de Macbett hasta el final en que Banco pregunta a Macbett lo mismo que Macbett preguntó a él". Además, un poco más adelante en el Cuadro III veremos que Lady Duncan los confunde. Asimismo, en el Cuadro IV repiten el mismo texto de agradecimiento a Duncan casi en forma simultánea:

- Macbett: (*A Duncan*) Os doy las gracias, Señor.
- Banco: Os doy las gracias, Señor
- Macbett: Os hubiera sido fiel...
- Banco: Os hubiera sido fiel...
- Macbett: Incluso sin recompensa.
- Banco: Incluso sin recompensa.
- Macbett: Pero tanta generosidad ha saturado hasta el borde nuestra rapacidad.
- Duncan: Os lo agradecemos en el alma...
- Macbett y Banco: (*A la vez, desenvainando su espada el uno y enarbolando su hacha el otro*) ... En esta alma que se haría condenar por servir a Vuestra Alteza

5. Pero además, en el cuadro VII, complotarán juntos contra Duncan repitiendo la escena inicial de Glamiss y Candor.
6. El vínculo entre la función del rey y Ubú se sostiene, como es de esperarse, también en Macbett. Y la cita aparece explícita cuando, ante su muerte en manos de Macol, su última palabra sea ¡*Merde!*
7. Por otra parte, en la obra asistimos a una pérdida de relevancia del rol femenino. Recién en el Cuadro V tenemos el encuentro con las brujas (dos, en lugar de tres) que, más que seres ambiguamente femeninos, son ahora una especie de sirenas. Comprenderemos más adelante, gracias a los recursos del teatro de

magia, que esas brujas no son otras que Lady Duncan y su asistente metamorfoseadas. De hecho, gracias a esa misma magia, Lady Duncan devendrá en Lady Macbeth cuando Duncan se muera. Su rol en la instigación del crimen será, en consecuencia, nula. La descripción que tenemos de ella no podría ser más distante de la versión shakesperiana e incluso, de la del propio Jarry con su Madre Ubú:

- Macbett: "Lo confieso abiertamente. Yo creí que Lady Duncan era un poco salida de cascos. Pero no, estaba equivocado de medio a medio. Es muy capaz de concebir una pasión profunda. Es activa, enérgica; tienen como si dijéramos, filosofía. Disimula unos conocimientos y un punto de vista muy amplios sobre el porvenir de la humanidad, sin caer en el irrealismo utópico (…) Ella no es feliz en su matrimonio. Duncan no resulta muy cómodo en la intimidad. La maltrata. A mi me da pena. Es una mujer con clase, es delicada. En el fondo tiene un alma infantil. Le gusta jugar, divertirse, le atrae la música moderna." (Cuadro VII)

8. De más está decir que mucho de esta descripción es puro engaño por parte de esta bruja-sirena. Por tal motivo, de ella dirá Macbett en el Cuadro XI "Todas las mujeres están locas. Se parecen a los espectros".
9. Finalmente, Macol es aquí hijo adoptivo de Duncan e hijo biológico de Banco (Fleance no está en la obra). Cuando ingrese a escena en el Cuadro XI afirmará: "Soy hijo del general Banco y de una gacela que las brujas convirtieron en mujer". El humor absurdo (y autorreferencial de Ionesco) se hará presente presente en el final de la obra cuando, aportando recursos escénicos a la dimensión sensorial, Macol anuncie "He aquí a los descendientes de mi rama: Banco III *(aparece en el fondo la recortada ampliación de Pato Donald)*, Banco IV *(aparece el gato Félix)*, Banco V *(imagen de Popeye)*, Banco VI *(el propio Ionesco sacando la lengua)*.

Además de esta enumeración, debemos considerar que la cosmovisión isabelina, en los términos en los que la plantea Tillyard, está absolutamente ausente en *Macbett*. No hay alteración del orden cósmico por el crimen contra la autoridad legítima, no hay locura, insomnio ni ninguna otra alteración en el plano microcósmico vinculado a los asesinos. El orden medieval está ausente en cualquier sistema de referencia. Como es de suponer, la obra de Ionesco está anclada en la territorialidad e historicidad de la Francia de la década del '70. Pasados los acontecimientos de Mayo del '68, el devenir de la política occidental no parecía modificarse en el rumbo y la intensidad que aquella "revolución" hubo propuesto. Sostemos que la obra de Ionesco aporta una mirada desencantada sobre el presente histórico, proponiendo a la vez una lectura transhistórica. En el cuadro IX, Banco dirá: "Seré el antepasado de una dinastía de príncipes, de reyes, de presidentes de la república, de dictadores".

Asimismo, se pone en evidencia en esta pieza un vínculo intertextual con un estudio fundante de la poética shakesperiana. Nos referimos a *Shakespeare, nuestro contemporáneo* de Jan Kott, cuya aparición en francés data de principios de los '70. Al respecto, Ionesco afirmará: "(Jan Kott) descubrió que en Shakespeare, en sus "crónicas reales", había un déspota absoluto, un tirano, un corrupto, un criminal que era derrocado por un joven príncipe, bello, noble, generoso, aparentemente lleno de buenas intenciones, que mataba al rey y se instalaba en su lugar. Como consecuencia del asesinato se convertía a su vez en corrupto, tirano y criminal. Otro joven príncipe, bello, noble y generoso, aparentemente animado por nobles sentimientos, derrocaba a su vez al nuevo rey y, al derrocarlo, también se transformaba en tirano, corrupto y criminal. Es decir, considero que todos quienes quieren el poder, todos quienes quieren dominar a través de los otros son, independientemente de las ideologías que proponen, paranoicos, un tanto locos y pueden llegar a ser criminales" (Stevanovich).

Las nociones de "gran mecanismo" y "tragedia en la historia" elaboradas por Kott, se replican en el Cuadro XI con textos como el de Macbett cuando grita: "¡Reinar, reinar..! Son los acontecimientos los que reinan sobre nosotros y nos dominan".

Pero pese a eso, como ya sostuvimos, hay un claro quiebre de la cosmovisión isabelina que deja a esta obra sin una verdadera restauración del orden.

El en Acto IV, escena III de Shakespeare, asistimos al siguiente diálogo entre el heredero legítimo y uno de sus mayores aliados:

- Malcom: ... cuando haya aplastado o colocado en la punta de mi espada la cabeza del tirano, mi pobre patria verá reinar más vicios que antes, sufrirá más y de más maneras que nunca bajo aquel que le sucederá
- MacDuff: ¿quién será ese sucesor?
- Malcom: ¡seré yo mismo!, yo que siento en mí tan arraigados todos los vicios y que cuando ellos hagan eclosión, el oscuro Macbeth parecerá puro como la nieve; y la pobre Escocia lo juzgará un cordero comparando sus actos a mis innumerables defectos... Más vale Macbeth que un rey como yo...

Malcom, hijo de Duncan, el rey asesinado por Macbeth, termina así su propia descripción: "¿Virtudes? Pero si yo no tengo. Aquellas que convienen a los reyes: justicia, sinceridad, temperancia, estabilidad, perseverancia, piedad, humanidad, compasión, paciencia, coraje, firmeza; no las tengo, ni siquiera un resabio de ellas, en cambio abundo en inclinaciones criminales diversas que satisfago por todos los medios a mi alcance. Sí, si tuviera el poder de hacerlo, volcaría en el infierno la dulce leche de la concordia, sacudiría la paz universal, destruiría toda unidad en la tierra".

La génesis de *Macbett* se encuentra en esta escena. Y según relata el propio Ionesco, "cierto es que al final de la escena, Malcom calma a un MacDuff aterrorizado declarando que el terrorífico autorretrato que acaba de presentar es falso, que no era más que una manera de poner a prueba a su auditorio y que en realidad, él, Malcom, será un buen soberano, justo y generoso… En cuanto a mi Malcom, éste retoma palabra por palabra el texto de Malcom de Shakespeare y es tal cual su verdadero retrato. De esta manera pretendo haber restituido a Shakespeare su verdadero pensamiento, su verdadera visión del mecanismo al cual Jan Kott dio el nombre de "gran escalera de la historia": es el mal, el mal político el que triunfa. ¿No es esto acaso lo que nos enseñan siglos de Historia?" (Ionesco, 1972b).

La crueldad de Macol y Macbett no está, como dijimos, solamente vinculada a Shakespeare. Es fundamentalmente en la relación con la producción de Alfred Jarry que Ionesco encuentra mayor afinidad. Ya había sostenido en otras oportunidades que se consideraba hijo de las vanguardias. Y es Jan Kott quien puede establecer esa síntesis cuando dice que "Macbett de Ionesco podría ser el más cruel de los teatros de marionetas. Ionesco ha secado a Shakespeare de todas las ilusiones. Sólo queda su esencia. Como el vinagre, bebida mortal" (Kott, 1992).

La existencia del mal en el mundo y la evidencia de ese mal con el nazismo, el stalinismo y la bomba atómica (tan recientes en tiempo y espacio de la producción de *Macbett*) es lo que sostiene la gran tesis que plantea el autor y su obra: "La explotación del hombre por el hombre ha sido reemplazada por una explotación mayor aún, por una tiranía más grande aún que la llevada a cabo por la burguesía. Si el hombre no detestara al hombre, no existirían las tiranías y todas las cosas podrían arreglarse. Por ello, retomé de Shakespeare, de Ian Kott, de [Alfred] Jarry, y del grito de El idiota de Dostoievski, esa actitud del mal en el mundo que reaparece constantemente bajo distintas formas" (Ionesco, 1972b).

Como vimos, desde una Poética Comparada podemos encontrar vastísimos campos de innovación en Ionesco respecto de la propuesta shakesperiana. Si bien nos hemos detenido en los niveles narrativo y semántico, afirmamos que también podemos encontrar drásticas modificaciones en términos sensoriales, lingüísticos, referenciales y voluntarios (cf. Dubatti, 2009). Las lecturas cruzadas de Alfred Jarry y Jan Kott dan las claves necesarias para evidenciar la mirada original de Ionesco. Y el eje territorial e histórico de la producción, nos permite vislumbrar los ejes de la tesis de la obra.

Hay, no obstante, una figura que no hemos nombrado aún. Nos referimos al personaje del cazador de mariposas que cierra la pieza: "La figura de Macol se van hundiendo en la niebla. Por un extremo aparece el cazador de mariposas. La luz aumenta. Se escucha el piar de pájaros" y luego cae el telón. Esta figura jeroglífica, herencia del simbolismo, tiene a su cargo el verdadero y enigmático final de la pieza. Casi como si una opción a los Macol de la historia fuese posible.

2. Federico García Lorca, entre España y América

Federico García Lorca es una de las presencias extranjeras más fuertes en la cultura argentina, generador de una pasión que históricamente fue recíproca. Recordemos que Lorca visitó Buenos Aires en 1933 con la intención de dar una serie de conferencias, aunque finalmente terminó quedándose casi siete meses en el Hotel Castelar. Esto se debió en parte al fervor porteño ante su presencia y el éxito de sus obras, y en parte por su voluntad de relacionarse con los artistas argentinos y los artistas españoles residentes en el país.

En consecuencia, durante su estadía no sólo dictó las seis conferencias que dieron origen a su viaje ("Teoría y juego del duende", "La imagen poética de Luis de Góngora", "Las nanas infantiles", "Poeta en Nueva York", "Cómo canta una ciudad de noviembre a noviembre", "El cante primitivo andaluz") sino que además reestrenó *Bodas de sangre* y *Mariana Pineda*, realizó el estreno americano de *La zapatera prodigiosa,* adaptó *La dama boba* de Lope de Vega para ser protagonizada por Eva Franco, hizo una función privada de *Los títeres de cachiporra* y estrenó *El retablillo de Don Cristóbal*. Los ecos de esta proteica visita hicieron que, casi diez años después de su muerte, se realizara el estreno mundial de *La casa de Bernarda Alba* en el teatro

Avenida de Buenos Aires por la compañía de Margarita Xirgu.

Alvaro Machado sugiere asimismo que Lorca encontró en Buenos Aires a uno de sus amantes más significativos, Tullio Carella, con quien habría tenido una relación tan intensa como efímera.

Las felices consecuencias de aquella emblemática estadía se siguen viendo hoy en día. Es notable el conocimiento que los espectadores de Buenos Aires poseen de sus obras, así como la frecuentación de su teatro y su poesía estimulada por los maestros y profesores desde la escuela secundaria (Dubatti, 2013, 7-11). Todo esto demuestra que Lorca sigue entre nosotros. Decía Verónica Oddó: "A Lorca se lo quiere mucho en la Argentina. Creo que su estadía dejó un recuerdo maravilloso. Me pareció precioso lo que ocurrió hace unos días en casa cuando un cerrajero vio a mi hija leyendo una biografía sobre Lorca y dijo "gran chabón ése". Lo he comprobado. En otros lugares se lo conoce mucho, pero acá su presencia quedó en el aire" (Cabrera)

Lorca se ha constituido en un símbolo compartido para un amplio sector de nuestra sociedad. Por ese motivo la Argentina ha jugado un rol protagónico en la construcción de memoria(s) de Federico García Lorca, en la difusión y legitimación de su obra, en el reclamo político por su asesinato y desaparición. Las representaciones de la(s) memoria(s) de García Lorca configuran una "máquina de la memoria" (Carlson) para mantener vivo el recuerdo del poeta, del horror de la Guerra Civil Española y sus consecuencias. Al mismo tiempo, las imágenes de la persecución, muerte y desaparición de García Lorca se han transformado, para el teatro argentino contemporáneo, en metáfora de otros abusos, violaciones, desapariciones y exilios de las dictaduras en Latinoamérica y el mundo, así como de derechos y reclamos de justicia y diversidad.

La persecución a Lorca por su homosexualidad (como han demostrado sus biógrafos, entre ellos Ian Gibson y Leslie Stanton) lo transforma además en un símbolo de defensa de la diversidad sexual y de género. Esa tarea memorialista, artística y política, con diferentes grados de intensidad y concentración, conforma una constante con variaciones desde fines de la década del '30 hasta hoy, y no se interrumpe en años de sangrientas dictaduras.

Pero pese a la enorme relevancia, poco se ha investigado la presencia de García Lorca en los escenarios en años posteriores a 1945 con aquel estreno emblemático de *La casa de Bernarda Alba*. Y escasamente se ha escrito, de forma sistemática, sobre Lorca en la Postdictadura (1983- 2019).

Nuestra intención en esta sección es realizar una contribución a este último aspecto, a partir de la somera referencia a un conjunto de espectáculos que problematizan la historia de García Lorca, lo evocan explícitamente o lo "presentifican" como personaje en escena, en las diversas dramaturgias de Juan Carlos Gené (1929-2012), quien fuera uno de los artistas más abarcativos que tuvo Latinoamérica. No solo se desempeñó en varias artes (teatro, cine y televisión) y con varias funciones (dramaturgo, guionista, actor, director), no solo fue un gran artista-investigador con una vasta obra teórica (*Escrito en el escenario (1996), Veinte temas de reflexión sobre el teatro (2012), El actor en su historia, en su creación y en su sociedad (2010)* y una multiplicidad de textos dispersos), sino que además se desempeñó en la docencia, la gestión cultural (Director General de Canal 7 y Director General del Teatro San Martín) y en la gestión sindical (Presidente y Secretario General de la Asociación Argentina de Actores). Exiliado por la última dictadura militar argentina (1976-1983), residió en Venezuela y participó allí activamente del CELCIT, del que fue fundador de la sede Argentina.

La experiencia del exilio resultó clave para su obra por varios motivos. En lo que a este trabajo respecta, los más relevantes fueron su encuentro con Verórica Oddó, con quien conformó una pareja creativa y una pareja sentimental durante el resto de su vida, y de quien dirá que "ella a mi lado me permitió establecer una comunidad con aquellos años que quedaron atrás. Vivimos una historia común arriba del escenario y, como ella decía, creamos una patria ahí" (Cosentino, 120-121). Y su reencuentro con la figura y la obra de Federico García Lorca.

Northrop Frye, parafraseando a D.H. Lawrence, sostiene que más que prestar atención a las creencias o posturas de un escritor, deberíamos centrarnos en su mito, "infinitamente más sabio". Por eso resulta especialmente iluminadora la afirmación de Gené en donde sostiene que la visita de Lorca a la Argentina, la devoción de su madre y su tía por el poeta, el relato de su asesinato y el luto familiar, la poesía y el teatro, "forman parte de un amasijo de mitos, de recuerdos, que están ahí" (Cosentino, 43)

Como decíamos anteriormente, la figura de Lorca como poeta asesinado, víctima de una violencia política y social que lo excedía, resulta proteica en su carácter analógico para los artistas perseguidos por el terrorismo de estado en Latinoamérica durante las décadas de los '70 y '80. En el caso de Gené, será primeramente el Lorca artista el que aparecerá en su teatro, acompañado por la poesía lorquiana; y solo de manera tardía retomará al teatro.

Nos proponemos elaborar una cartografía en donde las obras en donde Gené y Lorca se encuentran, aunque solo nos detendremos en dos: la primera y la última. Esto se debe a dos motivos fundamentales (más allá, obviamente, de cuestiones de extensión del trabajo): el primero, es que son dos ejemplos contrapuestos en cuanto a la fuente inspiradora y al trabajo dramatúrgico. El segundo, es que nos permite verificar la hipótesis de que Lorca pervive en el imaginario genesiano (y argentino), casi sin modificaciones, durante medio siglo de teatro.

Repetimos, como ya afirmáramos, que consideramos a los imaginarios como singulares matrices de representación, que conforman modos de estar en el mundo. Definimos al imaginario, junto a Wunenburger, como el conjunto de imágenes mentales y visuales mediante las cuales el individuo, la sociedad y el ser humano en general organiza y expresa simbólicamente su relación con el entorno. El motor que anima ese sistema simbólico es fundamentalmente la muerte, y las estructuras conforme a la cuales las imágenes se organizan, son las que ofrecen las narraciones míticas. Lorca imaginario y Lorca mítico se suman entonces al Lorca poético con igual o mayor potencia.

La primera obra en donde la presencia del granadino se hace evidente es en el *Memorial del cordero asesinado*, de 1986. Un memorial, recordemos, es un rito cuya virtud reside en que ciertos gestos litúrgicos vuelven a producir el hecho evocado, ahora desde la perspectiva del valor que se le atribuye. Dice Gené: "Memorial, entonces, como repetición del asesinato, como advertencia de nuestra capacidad de odio, señalamiento de la injusticia y de la atrocidad, imprecación a reparar el hecho que hizo del gran poeta, unos huesos anónimos inhallables, en un camino del barranco de Viznar, en las afueras de Granada" (1990, 6).

Para 1986, hacía ya casi cuatro años que Gené dirigía al Grupo Actoral 80 (GA80), con quienes había llevado a escena obras de Skármeta y Lombardi, entro otros. Surgido de un taller de actuación del CELCIT "que consistía en aprender a hacer propias las acciones del personaje (en vez de preocuparse de cómo era o qué sentía), en el escenario empezaron a surgir los mundos internos de los actores (venidos de distintos países latinoamericanos), sus características personales y sus culturas propias, sus manejos corporales y sus acentos regionales. Precisamente este elemento surgido de manera natural en el taller fue el que rescató luego con gran interés el Grupo Actoral 80; oponiéndose a la costumbre de muchos directores y maestros de teatro que "marcan" a sus actores con formas de decir y gestualidades que borran una gestual o un acento propio del actor y le implantan uno totalmente "teatral" y en muchos casos irreal" (Hernández, 60).

La segunda producción que escribe pensando explícitamente en la compañía, es la que nos convoca. Pero además es también un momento en el que vira su forma de crear. Si hasta ahora estaba signado por una dramaturgia de escritorio o de gabinete, es ahora en la interacción con el GA80 que sus obras se concretan. Dramaturgo, actor y director, las tres funciones confluyen en una obra hecha a la medida de los actores y actrices, fruto del trabajo de entrenamiento del grupo. Como afirma Danan, si el concepto de dramaturgia tenía hasta el siglo XX dos acepciones relacionables (escritura de obras de teatro y tránsito de la escritura a la escena), el mundo contemporáneo ha expandido notablemente estos significados. Entre la dramaturgia de dirección y la dramaturgia de grupo, el trabajo de Gené representa un giro en su forma de producción. Por ejemplo, la obra incluye a un personaje desmesuradamente alto. Esa altura está justificada dramáticamente porque sufrió torturas en un potro y eso "lo alargó" (todos los personajes han sufrido torturas o han sido torturadores). Si el personaje tiene estas características es porque quien lo encarnaba, Álex Hernández, era uno de los integrantes del GA80 y era altísimo. Es decir, los personajes se construyeron a la medida de los actores del grupo.

La obra retoma a una *tropue* familiar de artistas que, custodiando el cuerpo del Poeta, se encargan de actualizar el ritual de pueblo en pueblo, acechados por unos personajes amenazantes (entre los que se encuentran los mismos pueblerinos) que quieren impedir constantemente el Memorial.

> Padre (*titula con énfasis*): Señoras y señores... ¡Velatorio del Poeta Asesinado! Un memorial por el cordero (*Un tambor subrayando los títulos*) Baleado, torturado, encarcelado, ahorcado, desaparecido. Con la visión del cuerpo del poeta, allí, en ese ataúd (Gené, 2012, [Acto I], p. 135)

Como resulta evidente, el imaginario bíblico impregna la totalidad de la obra. Esto se debe a la férrea formación religiosa de Gené que, puesta entre paréntesis durante su producción argentina, se reaviva como pensamiento teatral durante el exilio. Cercano al Movimiento de Sacerdotes por el Tercer Mundo, la religión (y fundamentalmente el ritual religioso) será ineludible para el estudio de su obra.

La pieza se construye como un palimpsesto en donde confluyen las voces de Lorca (de sus poesías, cartas y algunas obras de teatro), Pablo Neruda, Antonio Machado, Ian Gibson, Benjamín Moloise y pasajes de la Biblia, especialmente el Génesis y el Cantar de los Cantares. La *troupe*, reunida a la espera de que termine la noche, ensaya el Memorial, recuerda el llamado del Poeta y hablan entre ellos, todo a través de citas. Sorpresivamente, el Muchacho emerge de la oscuridad para advertirles que corren peligro, que deben marcharse. La hija, Gracia, que hasta ese momento prácticamente no había pronunciado palabra y se había mantenido en un estado casi catatónico, se enamora perdidamente

> Padre: ¿Lo ve, joven? Ella está sufriendo...
> *Sin saber qué hacer, él se acerca a ella, que sigue protegida en los brazos de la madre.*
> Gracia (*apenas un murmullo*): "Yo lo sabía todo. Sabía que se había casado. Ya se encargó un alma caritativa de decírmelo"
> Muchacho: ¿Qué está diciendo?
> Madre: Casi no tiene lenguaje propio. Se expresa a su manera.
> Asdrúbal: Doña Rosita la soltera, acto III.
> Padre: Somos familia de cómicos, joven. Y ella escucha
> (Gené, 2012, [Acto II], pp. 151-152)

Esta cita funciona como *mise en abyme*, explicitando un procedimiento que la obra retoma una y otra vez como principio constructivo. La compañía en su conjunto es Lorca, es su poesía, es su voz silenciada. El poeta está presente sistemáticamente gracias a las citas directas, pero gracias también a los otros artistas que le dan voz al único acontecimiento del que el granadino no pudo hablar: su propia muerte:

> Gracia: "¿Te acuerdas, Rafael?"

Un momento de desorientación en la madre y por indicación del Padre, le sigue el juego.
Madre (*(responde)*: "¿Federico, te acuerdas?"
Gracia: "Mataron a Federico
cuando la luz asomaba,
el pelotón de verdugos
no osó mirarle la cara"
Madre: ¡Padre! ¿Oyes eso?
Padre: ¡Claro que sí! ¿Recuerdas eso tú?
Madre: "Se lo vio caminar sólo con ella
sin miedo a su guadaña
....
Hablaba Federico,
Requebrando a la muerte. Ella escuchaba" (Gené, 2012, [Acto II, p. 141]

En este caso se trata de dos citas sucesivas; la primera, es de *Vengan a ver la sangre* (1946) de Pablo Neruda, seguida por *Elegía a la muerte de Federico García Lorca* (1938) de Antonio Aparicio. Pero la muerte del poeta estará presente también en la muerte de todos los poetas, en el atentado universal contra el arte que supone el terrorismo de estado. Por ese motivo, la obra no cierra con Lorca sino con los versos de Benjamín Moloise, ahorcado en Sudáfrica en 1985 (durante el proceso de gestación del *Memorial...*).

Pero como decíamos en párrafos precedentes, no es solamente el universo lorquiano el que aparece en la obra; en igual grado de importancia se encuentra el imaginario bíblico. En la génesis del *Memorial...* se encuentra explícitamente la Biblia como fuente: "el primer asesinato del que oí hablar, después del de Abel y Caín que conocía por la Historia Sagrada que nos impartían en el colegio, fue el de un poeta cuyo nombre, por supuesto, ni me era familiar ni retuve, pero que había ocurrido como prólogo de la matanza española y que generaba en mi casa comentarios indignados: matar a un poeta era como matar a un pájaro; y matarlo al mismo tiempo que se arrasaba a sangre y fuego con la II República Española, era una suerte de agravio contra el sentir y el pensar familiares" (Gené, 1990, 15).

El pensamiento sobre lo sagrado, la religión y el misterio, se aúnan en Gené con el pensamiento sobre el arte. La ritualidad como agente común, devuelve al teatro su vínculo con lo sagrado, excediendo así lo meramente comunicacional. Lorca se hace presente por la vía poética, pero también por el milagro de su aparición ante el Padre.

En 1988 asistiremos a la creación de *Ulf,* obra protagonizada por dos viejos actores que intentan mandarle una carta-cassette a su hijo, pero fracasan porque no saben qué cosas son seguras decir y cuáles son mejor callar. Unos "hombres de negro" acechan desde el exterior y parecen ser, finalmente, los responsables de que el hijo no esté con los padres. Si en el *Memorial…* "ni se mencionan ni están físicamente presentes los "hombres de negro", pero cualquiera puede adivinar que son ellos quienes desde el afuera amenazante, aúllan, provocan y exhiben las horribles máquinas contra los delirantes cómicos que practican el memorial" (Gené, 2012, 183), *Ulf* es algo así como la continuación del *Memorial…*, un después tan ominoso como aquel pasado. Comentaba Gené que en estos dos protagonistas no podía dejar de sentir "al Padre y a la Madre del Memorial, veinte o treinta años después. Aquí están, con su memoria destrozada pero viva, sintetizando en el delirio una realidad vivida y mucho más delirante en sí misma que en sus más desaforados delirios" (Gené, 2012, 184). El hijo ausente (del que finalmente sospechamos su muerte) no es sino, por lo tanto, aquel Poeta asesinado.

La década del '90 traerá definitivamente a Gené a Buenos Aires, cuando asuma la dirección del Teatro Municipal San Martín en el período 1994-1996. Si bien desde la vuelta de la democracia habíamos tenido su presencia en nuestros escenarios, ésta había sido fruto de diversas giras del GA80 y del CELCIT. En la finalización del largo proceso de desexilio, Lorca estará presente sobre todo como poeta.

En 1990 estrena *Cuerpo presente entre los naranjos y la hierbabuena. Sonata lorquiana en 10 movimientos,* también en producción del GA80. La obra presenta textos y personajes de Lorca de diferentes obras, con la intención última de develar obsesiones de su creación.

En 1994, ya al frente del Teatro Municipal, Gené funda la Comedia Juvenil que será dirigida por Roberto Perinelli. En este marco, el elenco debuta con *Las delicadas criaturas de aire* (1994), con dramaturgia y dirección de Gené. Los "hombres de negro", Buster Keaton y Lorca (con fragmentos de cartas, poesías y obras de teatro) conforman una dramaturgia surrealista, potenciada por una escenografía de Carlos Di Pasquo que evocaba las pinturas de René Magritte.

Otra de las innovaciones de Gené al frente del Teatro es la creación de un Laboratorio de Experimentación. La primera producción de dicho espacio es, también en 1994, la obra *Yo tenía un mar,* con dramaturgia y dirección de Verónica Oddó y actuación de Gené. Cuatro años más tarde, esta experiencia será retomada en el CELCIT en la puesta de *Aquel mar es mi mar (1998),* también con dramaturgia y dirección de Oddó. El título proviene de una de las cartas de García Lorca, y la puesta retoma el teatro, la poesía y toda la otra producción de Lorca, incluidos ensayos, conferencias y cartas (el título está tomado de una de éstas).

Durante la primera década del siglo XXI, el trabajo de Gené estará mayormente centrado en su labor docente en el CELCIT. El contacto con las nuevas generaciones lo vinculará también con las nuevas poéticas nutriendo su imaginario, como sucedió en el caso del biodrama, del que surgió como primera experiencia *Todo verde y un árbol lila* (2007). Tal y como reconoce José Antonio Sánchez, hay que diferenciar entre dramaturgias documentalistas que tratan de representar la realidad y dramaturgias de inserción de lo real en la propia escritura escénica. El biodrama correspondería claramente a la segunda opción, como derivado del nuevo teatro documental. Afirma Vivi Tellas: "yo inventé la palabra biodrama para reunir biografía con teatro y fue un proyecto de investigación que diseñé cuando me llamaron para dirigir el Teatro Sarmiento. Invité a varios directores a que trabajen sobre una persona viva y sobre su biografía. Lo podían hacer cada uno con su propio estilo, con su poética" (Linguetti).

Con gran productividad hasta el día de la fecha, el biodrama es una de las poéticas más recurrentes en los escenarios argentinos. Desde *Maruja enamorada (2013)* de Maruja Bustamante, pasando por la exitosa *Campo minado (2016)* de Lola Arias, hasta la reciente *Imprenteros (2018)* de Lorena Vega, el biodrama trabaja sobre la pre-misa de que toda vida es importante y, en consecuencia, toda vida merece ser contada. Y que esa historia sea contada por los mismos protagonistas que la vivieron, coloca a la poética en un eje liminal entre el arte y la vida.

Bodas de sangre. Un cuento para cuatro actores (2010), se encuentra en el cruce entre el drama de Lorca –ya sea en forma de relato o en la representación escénica– y el biodrama genesiano, no-ficcional, testimonial. Ambos registros se alternan, se cruzan, se confunden y fusionan en la trama del espectáculo. La pieza alterna narración y escena, convirtiéndose en el procedimiento organizador de la poética.

Gené firma la dirección, la iluminación y también la dramaturgia, que lo incluye como narrador (de allí el subtítulo: "un cuento"), un narrador a la vez presentador y generador que va articulando las escenas actuadas por los cuatro intérpretes. Tiene a su cargo dos roles fundamentales: el de narrador y el del personaje del Padre de la Novia. Él narra a público, en su propio nombre (a la manera de un *performer* o un narrador oral), acontecimientos y características de la pieza de Lorca, al mismo tiempo que refiere, como dice el programa de mano, "un mito familiar. Un mito: un relato con abundancia de leyenda y abundancia, también, de verdades traspuestas, de esas que fundamentan existencias". Ese mito, que nombramos más arriba, fue gestado en la infancia de Gené, en una casa de inmigrantes catalanes.

Si bien la obra no se encuentra publicada, el manuscrito se conserva en el Archivo del Instituto de Artes del Espectáculo (Facultad de Filosofía y Letras, Universidad de Buenos Aires). De allí citaremos tres extensos fragmentos que servirán de ejemplo para nuestro análisis.

> JCG: Neruda dirá: "... es el apogeo más grande que un poeta de nuestra raza haya recibido". En esos seis meses que el poeta pasó en Buenos Aires, abrir un diario o revista era encontrarse con su cara mirándonos sonriente o comiendo en la costanera, o dando conferencias o durante los ensayos con Lola Membrives. Carta del poeta a su madre: "Buenos Aires tiene tres millones de habitantes pero tantas, tantas fotos mías han salido en estos grandes diarios, que soy muy popular y me conocen por las calles. Eso no me gusta. Pero es para mí muy importante porque he conquistado un pueblo inmenso para mi teatro".
>
> No sé si para su teatro, pero los ojos de aquellas fotos que la miraban desde su "color de sombra", como ella decía, conquistaron a mi madre. Mi padre era rubio de ojos azules, de modo que cuando ella elogiaba los atractivos de un hombre, casi siempre se trataba de un moreno de ojos oscuros... En cuanto al teatro, toda la vida le oí contar que fue a ver Bodas de sangre con mi tía Raquel al teatro Avenida en una función matinée. Y que el 14 de noviembre de aquel 1934 (la fecha, claro, no es recuerdo mío sino documentación) volvió al Avenida con mi tía, para escuchar la conferencia del poeta sobre "Juego y teoría del duende". Apoteosis de una sala colmada hasta los techos, particularmente (lo dicen periódicos que pueden leerse ahora en cualquier hemeroteca) entre el público femenino. Carta a la mamá (del poeta, claro): "No pasa día que no reciba declaraciones de señoritas

(deben estar chaladas), diciéndome cosas notables". Y dos muchachas presentes le escriben: "El duende de los duendes eres tú".

Y si bien firman "Ada y Celia", como reza el documento hoy clasificado en el archivo del poeta, siempre fantaseé sobre la posibilidad de que fuesen mi mamá y mi tía quienes se ocultaron bajo esos nombres.

Tenía yo seis años: no recuerdo nada de eso. Un mito familiar. Un relato con abundancia de leyenda y de verdades transpuestas [sic] que fundamentan existencias [Fragmento I: Apertura del texto, p. 1].

Como vemos, este relato es plenamente de corte biodramático. Gené reconstruye la génesis del mito familiar, a la vez que se instala como punto de enunciación para la reescritura de la obra lorquiana. Y en el fragmento siguiente, veremos cómo se enlaza la narración ficcional y la biodramática.

JCG: Los Félix. Para mí sólo había un Félix: el gato. En la obra que ella me contaba... (sí, con la enagua negra que en ese momento no podía tener puesta...) había un caballo sonoro e invisible, una luna que hablaba y tenía frío, una víbora en un arcón... y el Gato Félix. Y yo no podía comprender que un pariente del Gato Félix como ese "Leonardo de los Félix" hiciera algo tan terrible como lo que yo escuchaba [Fragmento III, p. 28]

Una de las cosas más notables de este espectáculo es que, casi medio siglo después del *Memorial del cordero asesinado (1986)*, Gené repite prácticamente las mismas palabras que leímos en la introducción que hace a la publicación del CELCIT, citada anteriormente.

JCG: Agosto 1936. De lo que ocurrió ese mediodía, sí

> me acuerdo. Yo volvía del colegio en el que la Historia Sagrada me había enseñado que Abel había sido asesinado por Caín (la ilustración con un morrudo Caín dando en la cabeza de un Abel frágil y feminoide con la quijada de un cuadrúpedo de proporciones, me aclaraba lo tremendo de la cuestión...), encontré a mi madre y a la tía Raquel abrazadas y llorando; por supuesto fue verlas así y llorar yo también. Mi papá no sabía qué hacer con el trío lacrimógeno, pero mi abuelo, sentado a la mesa porque en esa casa se almorzaba a las doce y media, aclaró que lloraban, en vez de estar sentadas y comiendo, porque en España los Rebeldes "habían asesinado al poeta andaluz, ese que a tu madre y a tu tía les gustó tanto cuando estuvo por aquí". Fue así como supe, a mis ocho años, que existían hombres reales que asesinaban a hombres reales. Y desde entonces, el nombre real de Abel fue, siempre, Federico García Lorca [Fragmento IV, p. 32]

El relato biodramático (el "mito familiar", en el que se cruzan los puntos de vista de Gené niño y adulto) abre y cierra el espectáculo y enmarca la ficción lorquiana, dialoga con ella, la organiza e interpreta. La historia tiene un valor iniciático que pone énfasis en la figura del Poeta Asesinado, y que lee a *Bodas de sangre* desde ese eje específico. Las muertes de los amantes cruzadas por la ancestral disputa familiar, se ven tan gratuitas como la muerte de Lorca en el umbral de la Guerra Civil.

Este mito es el que fundamenta la existencia y determina su vida. Es el mito con el que Gené descubre su fascinación por el teatro y la actividad artística; en particular, iniciación a su pasión lorquiana, constante en su trayectoria. Pero es también un relato de pérdida de la inocencia ante la revelación de la carnadura real del mito de Abel y Caín.

El marco biodramático "lee" e interpreta la obra en algunas de sus aristas destacables, renovando la mirada maravillada ante la monumentalidad artística del poeta y su obra, recordando y reconociendo su muerte y su tragedia en la historia de los novios y el cainismo español.

La persecución de la dictadura militar, la Guerra Civil Española, la dictadura franquista, la figura de los exiliados y el mito de Abel y Caín se resignifican como metáforas de la experiencia política de su generación.

En este recorrido entre Gené y Lorca, podemos proponer tres lecturas ampliadas sobre la dramaturgia y la productividad poética del artista granadino, a partir de un diseño cartográfico propiciado por el Teatro Comparado.

En primer lugar, debemos considerar las dramaturgias de reescritura, como el caso de *Bodas de sangre*. Si bien el texto de Lorca está presente, las operaciones e intervenciones de Gené transforman a la obra en un "nuevo texto" que permite reconocer explícitamente el texto anterior. Más allá de que se trate de un clásico contemporáneo, la obra de Lorca está mencionada, analizada y vinculada con la biografía de Gené, en boca del personaje-*performer* JCG. Liminalidad arte-vida, este íntimo proceso de reescritura permite vislumbrar todas las capas del palimpsesto. En segundo lugar tenemos a la dramaturgia a partir de materiales no teatrales, como es el caso del *Memorial…* y otras, en donde las cartas y los poemas dotan a la voz de los personajes, se hacen carne en la acción escénica. Finalmente, el horror político y metafísico del asesinato de un poeta dotan al mito e imaginario lorquiano de una potencia productiva casi tan grande como la de su obra.

Como verificamos en un trabajo anterior[8], en los últimos 10 años de la cartelera porteña solamente un 59,84 % de las obras dramáticas que retoman a Lorca están basadas en su dramaturgia (principalmente a través de reescrituras). El 40,16 % restante lo hace a través de sus

---

[8] Trabajo inédito, presentado en el marco del Festival Agosto Poético 2019 del Centro Cultural de la Cooperación.

poemas, sus cartas, su vida y su obra. En este sentido, la apropiación de Juan Carlos Gené sintetiza perfectamente esta tendencia argentina, a la vez que vuelve a evidenciar la pasión nacional por el poeta español.

3. Tiempo de clásicos. Sófocles, entre Francia, Uruguay y Estados Unidos

3.1. El teatro en el territorio del cine

Como resulta evidente al pensamiento cartografiado, la pervivencia del mito clásico en el mundo contemporáneo conlleva necesariamente una metamorfosis. Esto se debe a la enorme distancia que nos separa de los griegos, lo que tiene como consecuencia cambios en la cosmovisión. Del Edipo de Sófocles al de Woody Allen, la matriz de lo trágico se invierte y adquiere un nuevo sentido.

Recordemos algunos aspectos del dramaturgo griego, quien nos ha proporcionado la versión del mito con la que convivimos actualmente.

Sófocles fue un ciudadano sumamente respetado y las innovaciones que incluyó en el teatro, tanto formales como conceptuales, fueron gratamente recibidas. Aristóteles, en *Poética*, lo toma como ejemplo y modelo del género trágico. A Sófocles se le atribuye el aumento del número de miembros del coro, que pasa de 12 coreutas a 15. Introdujo asimismo el tercer actor, lo que le dio más versatilidad y movimiento a la acción dramática. También se le atribuye la introducción de la escenografía tridimensional (aunque no sea una información segura) e innovaciones en el vestuario y los accesorios, como ser la introducción de un bastón encorvado para ciegos (Tiresias, Edipo) y un tipo especial de coturnos blancos. Todo esto demuestra el interés que Sófocles tenía por el teatro, no sólo en su carácter poético sino fundamentalmente en el aspecto espectacular. Se preocupó asimismo por la teoría teatral, ya que no sólo escribió un tratado en prosa *Sobre el Coro* (perdido) en el cual refutaba las ideas de Tespis y

Quérilo, sino que además fundó un "thíasos de las Musas", donde los entendidos rendían culto a las Musas (principalmente a la música) y hablaban de arte.

    Con respecto a los recursos poéticos, el que Sófocles explota especialmente es el de la ironía. Se trata de un procedimiento por el cual el personaje dice algo que tiene un sentido para su interlocutor y tal vez también para sí mismo, pero otro muy distinto para el auditorio. En la ironía trágica, "a la visión limitada del personaje se asocia y se yuxtapone la visión ilimitada del dramaturgo que comunica su mensaje opuesto por el sentido al que comunica la intención de la persona que habla" (Lasso de la Vega, 1998; 29). Veamos el canónico caso de *Edipo Rey*: al comienzo de la tragedia nos enteramos de que, según el oráculo, la peste que asola a Tebas es fruto del asesinato del antiguo rey Layo. Edipo, ante tal información anuncia: "yo, como si mi padre fuera, lo defenderé y llegaré a todos los medios tratando de capturar al autor del asesinato para provecho del hijo de Lábdaco, descendiente de Polidoro y de su antepasado Cadmo, y del antiguo Agenor. Yo pido, para los que no hagan esto, que los dioses no les hagan brotar ni cosecha alguna de la tierra ni hijos de las mujeres, sino que perezca a causa de la desgracia en que se encuentran y aún peor que ésta" (vv. 264 a 273). La ironía reside en que los espectadores saben que esta maldición de Edipo recaerá sobre él. El mismo discurso significa algo para el rey y sus súbditos, pero algo muy distinto para los espectadores. Incluso el "como si mi padre fuera" trabaja sobre la ironía en base a los niveles de conocimiento. Efectivamente, Layo es el padre de Edipo.

    Como habíamos marcado antes, Sófocles fue un hombre piadoso que se manifestó contra la progresiva laicización de la polis. Fruto de ello es el drama íntimo del héroe que radica en su soledad, no como un individualismo desesperado sino como un reflejo existencial del hombre en su relación con lo divino, un desgarro que consiste en el poder o no poder del ser humano sin el dios. La separación entre hombre y dios concentra el drama sobre el hombre, sobre su soledad.

Edipo Rey ha sido considerada, en este sentido, como la pieza fundamental dentro del corpus de tragedias legadas de la antigüedad clásica. Las lecturas hechas sobre ella han ido mucho más allá de lo estrictamente teatral dando pie, entre otras, a teorías psicoanalíticas revolucionarias para el pensamiento contemporáneo. Sófocles desarrolla en el texto una crítica de las nuevas ideas de su tiempo, como el hecho de pensar al hombre como medida de todas las cosas (Protágoras), ya que de esta manera se está negando la intervención divina en los destinos humanos. En un intento por definir el libre albedrío, la autonomía de la voluntad del hombre y la primacía de la razón, se propagó en Atenas un escepticismo con respecto a las tradiciones religiosas. Sófocles se rebela contra esta modernización del pensamiento, reivindicando la superioridad de los oráculos délficos. Toda la trama de la tragedia gira en torno al cumplimiento de la palabra profética más allá de la voluntad del hombre.

Woody Allen, nacido en el seno de una familia judía en 1935 en Brooklyn, va a plantear una filmografía particular. De hecho, resulta un lugar común en los análisis, encontrar la idea de que Woody Allen es el más europeo de los directores norteamericanos. Y también es habitual escucharlo decir que su artista preferido es Ingmar Bergman, a quien introdujo en Estados Unidos y del cual es común encontrar homenajes en su filmografía. Desde ciertas características estéticas que se pueden registrar de manera muy evidente en *Interiors* (1978), hasta citas textuales como la llegada de la muerte en *Deconstructing Harry* (1997).

El vínculo con el teatro y con Bergman (quien, recordemos, también se dedicó a las artes escénicas) serán, entonces, dos de las características principales de su estética.

Si bien la gigantesca producción de nuestro cineasta nos dificulta la sistematización de las películas, podemos no obstante encontrar ciertas constantes formales que atraviesa su filmografía. Nos referimos a tres recursos o tres ejes de análisis: la intertextualidad, la intratextualidad y la metatextualidad.

El primer punto se refiere a la relación que existe entre dos películas de diferentes autores. Por ejemplo, la citada escena de *Deconstructing Harry* en donde la Muerte va a buscar a nuestro joven protagonista, que resulta ser una cita directa (resemantizada) de una de las películas favoritas de Allen: *El séptimo sello* de Ingmar Bergman.

El segundo punto se refiere a la relación que existe entre dos películas del mismo autor. Éste es el caso de *Crimes and misdemeanors* (1989) y *Match Point* (2005). Como se podrá apreciar, el mismo tema filosófico (la existencia de Dios y el lugar del mal en el mundo) es trabajado desde la comedia y desde la tragedia. Pero también puede pensarse como la relación entre "Para acabar con Ingmar Bergman" -uno de los relatos de *Cómo acabar de una vez por todas con la cultura*- y la antedicha escena de *Desconstructing Harry*. Asimismo puede apreciarse en la reaparición permanente del protagonista neurótico, judío y psicoanalizado que, estando Allen o no como parte del elenco, se registra en forma casi constante hasta *Blue Jasmine* (2013).

Finalmente, el tercer punto se refiere al caso de una película que se va narrando a sí misma mientras transcurre. Es el ejemplo de *The purple rose of Cairo* (1985), en donde no solamente nos encontramos con el cine dentro del cine, sino que además Allen nos da su propia visión de la función del arte en la vida del hombre. El contraste entre cine y realidad es la marca de pensamiento que propone el film. Pero esto también se puede apreciar en la multiplicidad de películas en las que el protagonista interpela a cámara, no sólo para aclararnos sus pensamientos sino también a la manera del narrador omnisciente, para ayudarnos a entender a los demás. Tómese por caso *Whatever works* (2009).

Mighty Aphrodite (1995) se estrenó en los estertores del escándalo que provocó su divorcio de Mia Farrow y la unión con Soon-Yi, hija adoptiva de Farrow. El universo personal de Allen y el universo ficcional, volvían a cruzarse habilitando todo tipo de comentarios en revistas más o menos especializadas. El mismo director adujo que la idea del guión surgió cuando observaba a una de sus propias hijas adoptivas. "Pensaba que debía haber tenido unos padres biológicos increíbles, porque genéticamente tenía sentido del humor e inteligencia", dice. "No pensaba llevar esto más allá, no iba a salir a buscarles, pero era una noción que me había pasado por la cabeza. Luego, un año después, pensé que podría haber una historia divertida si un tipo que fuera, por ejemplo, escritor de deportes tuviera un hijo adoptado y cuando su matrimonio empieza a descalabrarse se pone a tener fantasías sobre la madre del niño y comienza a investigarlo" (Cavestany).

Éste resulta ser el disparador argumental de la película, que estará articulada en base a los tres ejes formales que mencionamos anteriormente.

En términos intertextuales la relación más evidente, enunciada por la propia película, va a ser con el mundo griego y sus mitos. "En todas las tragedias griegas, cuanto más se investiga sobre el pasado, es cada vez peor, se encuentran cosas más terribles" (Cavestany), dice Allen. Y ésta será la estructura de la peripecia del film: el deseo de Lenny de conocer a la madre biológica de su hijo, es directamente proporcional a la decepción que sufre al conocerla.

Sin embargo, debemos tener en cuenta que la fábula se organiza a partir del "saber vulgar" del mito -de lo que pervive de boca en boca- y no del saber erudito. Ésta es la causa por la cual entran en juego personajes griegos que nada tienen que ver con la tragedia de Edipo, o incluso cruces de corpus míticos.

La película comienza en Taormina, donde hoy día todavía se pueden visitar las ruinas de un fabuloso teatro griego. En él ingresa el coro (con muchos más integrantes de los que tenía el coro trágico, pero no tantos como los del coro cómico) quien exclama:

> ¡Ay del hombre!
> El valiente Aquiles, caído en sangriento combate.
> Como premio, la esposa de Menelao.
> Y el padre de Antígona., soberano de Tebas quien arrancóse los ojos, ansioso de expiación...pobre víctima del deseo cegador.

La esposa de Jasón no tuvo más suerte: dando la vida para reclamarla en vengativa furia.

Entender al corazón es captar la maldad o ineptitud de los dioses, que en sus vanos esfuerzos por crear un sustituto dejaron a la humanidad aturdida e incompleta.

Ved el caso de Lenny Weinrib, tan griego e intemporal como el destino mismo.

En tres minutos hace un recorrido por la mitología clásica y desemboca en el mundo contemporáneo. La acción se traslada a un restaurante en Manhattan donde Lenny, su esposa Amanda y una pareja amiga, están terminando de cenar. Sin vínculo con lo que estaban hablando, Amanda afirma que le gustaría adoptar un hijo, a lo que Lenny se opone terminantemente. La acción vuelve a trasladarse a Taormina y el coro vuelve a exclamar:

Coro: Layo, padre orgulloso, habla.

Layo: Con gran gozo, tuve un hijo. Tan hermoso, inteligente y valiente... que mil placeres obtuve de su presencia.

Coro: ¿Y qué ocurrió?

Layo: Que un día fue y me mató. Y encima, huyó y se casó con mi esposa.

Coro: Pobre Edipo, Rey de Tebas.

Yocasta: Mi hijo, mi hijo asesinó inconscientemente a mi noble marido. Y sin darse cuenta, se precipitó conmigo, su amada madre, en el lujurioso lecho.

Coro: Y nació toda una profesión que cobra hasta 200 dólares por hora. Y en horas de 50 minutos. ¿Por qué un niño ahora? ¡Sin venir a cuento! Ojalá no sea para llenar un vacío en su matrimonio.

Yocasta: Dejadla en paz. El instinto de maternidad es antiguo como la tierra.

Coro: Los niños crecen. Y se trasladan. A veces, a sitios tan ridículos como Cincinnati, o Boise, Idaho. ¡Y no vuelves a verlos! ¡Ya podrían telefonear alguna vez!

Layo: ¿Hay un vacío en el matrimonio Weinrib?
Coro: No hemos dicho que lo hubiera. Especulamos sobre los motivos. Los niños son un tema serio.

Esta desopilante intervención evidencia la explicitación del mito edípico, pero atravesado por la gran relectura contemporánea: el psicoanálisis. Dice Bauzá: "El mito, por lo demás, no es una fórmula cerrada que deba ser leída de una vez para siempre, sino un discurso abierto, polisémico, polifacético y, por tanto, expuesto a un proceso ininterrumpido de resemantizaciones (…) a partir de los trabajos de Sigmund Freud se dio el *revival* del mito de Edipo, con proyecciones insospechadas" (Bauzá 223-224) La vulgarización de Sófocles, entonces, remite a la relectura freudiana y a la apropiación que de ella hace Allen a lo largo de toda su filmografía. Por lo tanto, éste también podría ser considerado un rasgo intratextual.

La rotunda negativa de Lenny a la adopción, va a ser rematada por un gag establecido por el montaje. Con un corte directo, se introduce una escena que contradice explícitamente a la anterior. Éste es un recurso que usa varias veces, crear humor mediante el montaje y la elipsis.

Pero volviendo a la omnisciencia del coro y los personajes con respecto a la vida en Manhattan, Allen incluirá figuras como la de Casandra, que en realidad pertenece a otra fábula absolutamente distinta.

Estando en una fiesta y habiendo conseguido información sobre la madre biológica, Lenny se sincerará con su amigo mientras que, en Taormina, todos opinan sobre el desarrollo de la escena. Esto se hace en un montaje paralelo en el cual se trabaja la estructura interrogante / interrogado que Roland Barthes considera exclusiva del universo trágico. Además, a esta altura del film, los personajes míticos han invadido el espacio de Manhattan. Ha habido un entrecruzamiento de los universos poéticos que hace difícil saber si estos personajes son un desprendimiento de la conciencia de Lenny, o si por el contrario son manifestaciones de un universo paralelo (el pasado mítico) que continuamente interviene y determina el accionar del presente:

> Entrenador: Noticias frescas de Linda. Ha hecho algunas películas. No es famosa, ni nada. Por eso no la conoces. Su nombre artístico es "Judy Orgasmo". En realidad es una furcia. Tengo su teléfono.
> Lenny: ¿Judy Orgasmo?
> Casandra: ¡No debiste buscarla! Te auguro graves problemas.
> Lenny: ¡Eres más agorera que Casandra!
> Casandra: Claro que soy agorera. ¡Yo soy Casandra!
> Lenny: Tengo que comprobarlo.
> Casandra: ¡Te arrepentirás! Hazme caso, olvídalo. Y que Amanda no te convenza para comprar la casa de al lado. Veo problemas de erosión marina y una enorme hipoteca.

Otra vez la vulgarización del mito con intenciones de comicidad. Ahora, sumada al entrecruzamiento de universos ontológicos dentro de la *poiesis*.

Pero el otro gran mitema que va a organizar la fábula no proviene del mundo griego sino del latino. Nos referimos, por supuesto, al mito de Pygmalion; aquel rey de Chipre quien durante muchísimo tiempo buscó a la mujer perfecta con la cual casarse. Frustrado, decidió permanecer soltero y dedicarse a la escultura para compensar la ausencia. Sin embargo una de sus creaciones, Galatea, resultó ser tan hermosa que terminó enamorándolo. Gracias a la intervención de Venus, Pygmalion sueña que la estatua cobra vida. Al despertarse, y viendo Venus el sufrimiento del rey, decide convertir el sueño en realidad. Así lo cuenta Ovidio en el Libro X de *La metamorfosis*, en la traducción de Ana Pérez Vega.

> A las cuales, porque Pigmalión las había visto pasando su vida a través de esa culpa, ofendido por los vicios que

numerosos a la mente femínea la naturaleza dio, célibe de esposa [245] vivía y de una consorte de su lecho por largo tiempo carecía. Entre tanto, níveo, con arte felizmente milagroso, esculpió un marfil, y una forma le dio con la que ninguna mujer nacer puede, y de su obra concibió él amor.

(…)

"El festivo día de Venus, de toda Chipre el más celebrado, [270] había llegado, y recubiertos sus curvos cuernos de oro, habían caído golpeadas en su nívea cerviz las novillas y los inciensos humaban, cuando, tras cumplir él su ofrenda, ante las aras se detuvo y tímidamente: "Si, dioses, dar todo podéis, que sea la esposa mía, deseo" –sin atreverse a "la virgen [275] de marfil" decir– Pigmalión, "semejante", dijo, "a la de marfil." Sintió, como que ella misma asistía, Venus áurea, a sus fiestas, los votos aquellos qué querían, y, en augurio de su amiga divinidad, la llama tres veces se acreció y su punta por los aires trujo. Cuando volvió, los remedos busca él de su niña [280] y echándose en su diván le besó los labios: que estaba templada le pareció; le allega la boca de nuevo, con sus manos también los pechos le toca. Tocado se ablanda el marfil y depuesto su rigor en él se asientan sus dedos y cede, como la del Himeto al sol, se reblandece la cera y manejada con el pulgar se torna [285] en muchas figuras y por su propio uso se hace usable. Mientras está suspendido y en duda se alegra y engañarse teme, de nuevo su amante y de nuevo con la mano, sus votos vuelve a tocar; un cuerpo era: laten tentadas con el pulgar las venas. Entonces en verdad el Pafio, plenísimas, concibió el héroe [290] palabras con las que a Venus diera las gracias, y sobre esa boca finalmente no falsa su boca puso y, por él dados, esos besos la virgen sintió y enrojeció y su tímida luz hacia las luces levantando, a la vez, con el cielo, vio a su amante.

La introducción al mundo popular de este mito, se la debemos a Bernard Shaw y su versión teatral. Pero la difusión masiva está presente, sin dudas, en la versión cinematográfica de *My fair lady* (1964) de George Cukor, con los protagónicos de Rex Harrison y Audrey Hepburn. Jugar a ser Dios construyendo a la mujer ideal, es un tópico que atraviesan todo el film de Woody Allen. De hecho, es uno de los grandes reclamos que el coro y el corifeo le hacen al protagonista.

Lenny, al enterarse de que Linda (la madre biológica de su hijo) es una puta, hace todo lo que está a su alcance para que cambie de vida. La insta a encontrar otra profesión, negocia la salida con su proxeneta e incluso intenta conseguirle novio. Es decir, trata de construir a la madre que le gustaría que su hijo tuviera. En el diálogo que mantiene con el candidato (un boxeador novato recién venido del campo) la soberbia de mentir, queriendo jugar a ser Dios, será el reclamo del coro desde Taormina

>Lenny: Una chica estupenda. Una mujer fuerte y no es tonta. Tiene un doctorado... en Folicolocultura, o algo así.
>Kevin: ¿Es bonita?
>Lenny: Está de muerte.
>Kevin: Porque me enredaron, ¿sabes? Mi última novia me revolvió las tripas del estómago.
>Lenny: Linda es una chica de iglesia.
>Kevin: Eso es lo que busco. Una chica de iglesia. Una buena chica. No una guarra facilona, sino una buena chica, que le guste la familia.
>Lenny: ¿Puedo decirte dos palabras? ¿Sólo dos palabras? "Huso y rueca". Es una chica a la antigua. Es prácticamente casi virgen.
>Kevin: ¿Prácticamente?
>Lenny: Te seré sincero. Se ha acostado con uno o dos hombres. Un antiguo profesor de universidad y su primer novio. Los dos murieron por la patria. Muy triste.

Kevin: ¿Su profesor murió en la guerra?

Lenny: Regimiento "Bellas Artes". Fueron los primeros en desembarcar en Anzio.

Kevin: ¿Y ella fue actriz?

Lenny: Hizo un par de buenas películas.

Kevin: ¿Alguna que yo haya visto?

Lenny: ¿Has visto "La Lista de Schindler"?

Kevin: No. Era ésa de los judíos y... ¿quiénes eran los malos?

Lenny: Los nazis. Los rubios.

Kevin: Eran unos cabrones bestiales.

Lenny: Te aseguro que es una buena chica. Maravillosa.

Coro: Está haciendo de Dios.

Corifeo: Qué bien, si le funcionara.

Coro: ¡Qué arrogancia!

Corifeo: Ha tardado mucho en prepararla.

Claro está que, así como se trunca el mito edípico, también Pygmalion se verá tergiversado por el devenir de la fábula.

Esto se debe a que la poética imperante de todo el film es la parodia, en tanto que remite a otro discurso e implica reescritura, generando un nuevo sentido. Así es como una nueva forma se desarrolla a partir de una anterior sin llegar a destruirla, permitiendo que el texto parodiado se conozca. Si bien no es siempre humorística, sí es desacralizadora y establece una distancia temporal entre los textos.

El recurso paródico conlleva un alto grado de sofisticación, pues su sentido necesariamente opera en dos planos: uno superficial, que es el de la imitación formal (la referencia directa al objeto aludido), y uno profundo, que implica una recontextualización de dicha forma aludida (y su *background* de sentido) en un nuevo orden.

Edipo y Pygmalion se reconocen, pero ambos mitos se invierten a favor del pensamiento filosófico de Allen.

De lo anterior se desprende este segundo eje de análisis, que permite pensar a *Poderosa Afrodita* en relación con las otras películas de Woody Allen. En las notas de producción incluidas en el dossier de prensa de *Whatever works*, Allen sostiene que "la suerte es responsable del 90% de lo que ocurre en nuestras vidas. Estoy convencido de que si haces tus ejercicios y tienes una buena alimentación, contribuyes a tu longevidad o a tu salud. Pero es una pequeña contribución. Al final, dependes en gran parte de la suerte. Uno siempre puede contribuir con el trabajo y la disciplina, pero como dije en *Match point*: es mejor tener suerte que ser bueno (…) Te levantas en la mañana, y lo único que puedes hacer con las cosas que te ocurren es trabajar muy duro para intentar influir en algo. Pero es poco lo que puedes hacer. El mundo es un lugar muy indiferente, carente de sentido y lleno de violencia. Puedes hacer todo lo posible por sobrevivir y ser feliz, pero necesitarás suerte para hacerlo, y mucho más suerte de la que crees. Mucha gente dice: 'yo construyo mi suerte.' Pero esa misma persona que alardea de construir su propia suerte, sale de su casa cuando están elevando un piano por los aires, se rompe la cuerda y le cae en la cabeza. En ese momento no decidió su suerte".

Se trata de un mundo en el que Dios ha sido reemplazado por la suerte y queda en manos del hombre la responsabilidad ética de sus actos. La justicia poética no existe, porque no existe la justicia divina. Ya veíamos esto en *Crimes and misdemeanors*: un odontólogo que asesina a su amante y que sale impune. El mismo protagonista cuenta su propia historia cual si fuese un tentador argumento para un film:

> Judah: Y una vez que el terrible trabajo se acabó descubre que está plagado de una gran culpa. De repente surgen chispas de su pasado religioso, el cual había rechazado. Escucha la voz de su padre. Se imagina que Dios está mirando todos sus movimientos. De repente, no es un universo vacío, sino uno justo y moral…y él lo ha violado. Ahora le entra el pánico. Está al borde de un colapso mental, a pocos pasos de confesar todo a la policía. Y una mañana se despierta y brilla el sol, y su familia está a su alrededor. Misteriosamente, la

crisis desaparece. Va de vacaciones a Europa con su familia y con el pasar del tiempo, ve que no es castigado. Al contrario, prospera. Culpan a otro del asesinato... alguien con otros asesinatos en su historial. Qué diablos, uno más no importa. Ahora está liberado. Su vida vuelve completamente normal... de vuelta a su mundo de riquezas y privilegios.

(...)

Todos nos enfrentamos en nuestras vidas con decisiones agonizantes, elecciones morales. Algunas son a gran escala. La mayoría de las elecciones son inferiores, pero nos definimos según las elecciones que hacemos. De hecho, somos la suma de nuestras elecciones. Los eventos se desarrollan tan impredeciblemente, tan injustamente. La alegría humana no parece haberse incluido en el diseño de la creación. Sólo nosotros, con nuestra capacidad para amar, le damos sentido al universo indiferente.

Un universo vaciado de dioses en el cual el hombre es la única medida, incluso para la moral y la ética. En este mundo, la capacidad de amar redime hasta a un asesino.

La misma tesis podemos encontrarla en *Match point*, explícitamente desarrollada en el prólogo y el epílogo. Y en términos cómicos, también podemos encontrarla en el film que nos convoca.

Podríamos suponer que, tratándose del mundo grecolatino, los dioses van a tener un rol fundamental. Sin embargo, a pesar de que no se niega ni se cuestiona su existencia (como sí suele hacer Allen con el Dios judeo-cristiano), sí se marca su ausencia.

Coro: Oh, Zeus, el más poderoso de los dioses, a ti clamamos. ¡Necesitamos tu ayuda! ¡Zeus, gran Zeus, escúchanos! ¡Escúchanos! ¡A ti clamamos!

> Zeus: Al habla Zeus. Ahora no estoy en casa, pero déjame el recado y te llamaré cuando vuelva. Habla después de la señal.
>
> Coro: ¡Llámanos cuando llegues a casa! Necesitamos ayuda.

Los dioses existen, sólo que los hombres no constituyen su prioridad. La única interpelación posible, es con un contestador automático.

Esta visión filosófica atraviesa toda la filmografía de Allen de manera más o menos explícita.

El segundo núcleo intratextual lo constituye el personaje de Lenny. Como comentábamos anteriormente, salvo contadas excepciones todas sus películas están protagonizadas por un alter ego de Allen, ya sea en la propia interpretación del director/actor o en un protagónico delegado, como el caso de Owen Wilson en *Midnight in Paris* (2011)

Finalmente, la noción de metatexto o puesta en abismo, se refiere a la posibilidad que tiene la película de narrarse a sí misma. En ese sentido, la música de los títulos es una rareza. La modernización del folclore griego en la banda sonora (responsabilidad de Mikis Theodorakis) anticipa la fábula clásica, junto con el "Afrodita" del título.

Pero la evidencia de la auto-narración estará dada por la tematización de la estructura de la tragedia clásica. Ya hemos nombrado que la película se articula en base a la relación personajes-coro, base de la tragedia según Roland Barthes. Pero lo que no dijimos es que esta estructura es analizada en términos teóricos.

El corifeo y el coro le advierten sobre el peligro de querer saber más de lo que debe (problema que, en definitiva, termina hermanando a Lenny con Edipo):

> Lenny: Creo que el padre murió, pero... la madre...
> Coro: ¡No sigas adelante!
> Corifeo: Sé lo que piensas. Olvídalo.

Lenny: ¿Cómo? Ya tengo la idea en mi cabeza.

Coro: Destino fatal. Ciertos pensamientos es mejor despensarlos.

Lenny: Ese niño tendrá una madre genial.

Corifeo: Quizá lo heredó todo de su padre.

Lenny: Es poco probable, pero lo averiguaré.

Coro: ¡No despiertes al perro dormido!

Lenny: Seguro que es estupenda.

Corifeo: La curiosidad nos mata. Ni los navajeros, ni el puto ozono: Nuestra mente.

Lenny: Voy a averiguarlo.

Coro: ¡Por favor, Lenny, no seas mamón!

Pero Lenny está decidido y va al registro de adopción. Cuando la encargada administrativa se niega a darle datos, Lenny decide robarlos. El corifeo (ya en Manhattan) le advierte sobre el peligro que implica la acción.

Corifeo: ¿Qué haces? Volverá dentro de un momento. Estás infringiendo la ley.

Lenny: Hay una ley superior. Yo puedo saber quién es la madre.

Corifeo: El juez no lo verá igual.

Lenny: Vigila por mí, ¿quieres?

Corifeo: ¿Yo? ¡Pero si soy el Corifeo!

Lenny: ¿Y qué? Vigila.

Corifeo: Que te ayude Bud.

Lenny: No, Ellie y Amanda son amigas. Bud no guarda secretos.

Corifeo: ¿Por qué es un secreto?

Lenny: ¿Tengo que discutirlo contigo? Amanda no lo entendería.

Corifeo: Te sientes culpable de exagerar la figura de la madre. Se comprende, las cosas no van bien con Amanda.

Lenny: Por eso nunca saldrás del coro. Porque no haces nada. Yo actúo. Hago que pasen cosas.

El rol pasivo, de comentador estético, atribuido por la mayoría de los teóricos al coro griego, Allen lo pone en boca de Lenny convirtiéndolo en un recurso metatextual.

Lo mismo sucede sobre el final, cuando Linda vuelve desahuciada conduciendo por la ruta, luego de haber fracasado en su intento de reconciliarse con Kevin. Es entonces cuando un narrador omnisciente, con voz en off, nos cuenta las imágenes que se nos presentan:

Voz en off: En cuanto a Linda, fue a Vampaville para que Kevin la aceptara, pero fue inútil. De vuelta a casa, angustiada y ya sin esperanzas, de pronto...
(un helicóptero aterriza a la vera del camino)
¡Esto sí que es un Deus ex Machina!

Don: Nos hemos desestabilizado y la radio zumbaba, y yo necesitaba telefonear. A propósito, muchas gracias por parar. Me llamo Don.

Voz en off: Y así, Linda se casó con un hombre maravilloso que era liberal y la aceptó y se rió con los relatos de su promiscuo pasado.

La metamorfosis de un *deus ex machina* en un helicóptero con averías, no es más que otra evidencia del artificio que hemos visto a lo largo de toda la película a través de saltos en el eje, uso de cámara en mano, bruscos cortes y elipsis, interpelación a cámara, universos ontológicos (Taormina y Manhattan) que colisionan, etc.

Asimismo, el vínculo con *Edipo Rey* y la distancia que existe entre lo que el hombre puede decidir y lo que el destino decide por él, también está tematizado en el final. Esta poética irónica, merced a la cual el espectador sabe más que los personajes, ya se encuentra presente como ironía trágica en Sófocles. Sólo que esta vez, gracias al cambio de género propuesto por Allen, la tragedia no acontece como tal sino que se transforma en una comedia musical de Broadway, con el éxodo del coro haciendo una coreografía digna de Bob Fosse.

Si la ironía trágica es captada por el espectador cuando nota la existencia de los elementos que permanecen ocultos para el personaje y le impiden actuar con conocimiento de causa, en el caso de *Poderosa Afrodita* esto se transforma en una "ironía de la vida" que no tiene mayor relevancia. La ironía trágica, o ironía del destino, es un caso de ironía dramática en la que el héroe se sumerge totalmente en su situación y corre a su perdición creyendo que va a salir bien parado del asunto. Aquí, nadie se pierde. Lo que sí permanece es el contraste entre la subjetividad del individuo y la objetividad del destino, ora implacable y ciego, ora simplemente absurdo y risible.

Jan Kott (1970) afirma que la tragedia inaugura un dolor que no tiene reparo posible; en el mundo contemporáneo –diría Allen- hay cosas más relevantes que aquéllas que les preocupaban a los griegos. Si hoy hay tragedia, ciertamente, no es la tragedia de Sófocles.

3.2. Entre realidad y ficción, entre Europa y América

Sergio Blanco (dramaturgo, actor y director franco-uruguayo) es uno de los ejemplos vivientes del desborde cartográfico. Produciendo y estrenando en Europa y América, ha fundado un nuevo territorio que reside en el terreno de la autoficción.

Nos referiremos aquí a su obra *Tebas Land,* ya que consideramos que en su proceso de apropiación se pone en evidencia el cruce de cartografías de Sófocles a Blanco.

Como es de suponer, la pieza retoma como tema central la figura del parricidio, inspirada en el *Edipo Rey* de Sófocles, pero sobre la matriz trágica construye una obra que aparenta ser un biodrama, ya que instala el verosímil de un expediente jurídico de un joven parricida llamado Martín Santos. Incorporando el mito de Edipo, la obra realiza un arco que atraviesa un discurso sobre la realidad social inmediata para volver a centralizarse y tematizar la idea de teatro como artificio, como construcción. Y esto termina de sintetizarse no sólo a nivel de la fábula sino principalmente en el devenir de su construcción. La estructura de *Edipo Rey* es reproducida y analizada en *Tebas Land* a través del lenguaje del básquet. Es así como la idea de juego se hermana con la de teatro; pero es así también cómo la tesis de la "muerte de la tragedia" de George Steiner se contradice con la construcción de una tragedia contemporánea. En este trabajo analizaremos el devenir de la tragedia en *Tebas Land*, centrándonos en la trama según la concepción aristotélica: tanto el *mythos* como su composición en episodios.

Como ya comentáramos, la tragedia en términos aristotélicos está definida según una cartografía de valores morales. Recordemos su afirmación de que se trata de la "imitación de una acción de carácter elevado y completa, de una cierta extensión, en un lenguaje sazonado de una especie particular según las diversas partes, imitación que es hecha por personajes en acción y no a través del relato y que, al suscitar piedad y temor, opera la purga propia a tales emociones" (1449b). A esto, George Steiner agrega que la tragedia sólo es concebible a partir de la existencia de un mundo sin justicia, de un orden incomprensible y destructor. "Donde hay compensación hay justicia y no hay tragedia" (Steiner, 10) sostiene; y, en consecuencia, el pensamiento judeo-cristiano con la instauración de la justicia poética no hace sino destruir la tragedia: "la concepción judaica ve en el desastre una falta moral o una falla intelectiva específica. Los poetas trágicos griegos aseveran que las fuerzas que modelan o destruyen nuestras vidas se encuentran fuera del alcance de la razón o la justicia" (Steiner, 11). La noción de Destino para los griegos -ya sea en su concepción de *Moira*, de *Tyché* o de *Ananké* tal como lo distingue Pinkler- es anterior a la representación cristiana de un mundo justo organizado por Dios, en el que se reparten premios y castigos. La gran característica de la tragedia para Steiner, entonces, es que las cosas para el héroe terminan mal y queda completamente destruido, fruto de una catástrofe que está más allá de los límites de la razón, de los límites del dominio de lo humano. Es una línea de pensamiento que nos recuerda a la de Eric Bentley, en su afirmación de que "así como el poeta trágico no tiene necesidad de una metafísica o de una teología que explique el misterio del universo, tampoco admite una explicación absoluta por parte de los científicos. Si bien la actitud trágica no es de ningún modo hostil a la razón, sí es hostil hacia ese racionalismo que pretende convencer a los hombres de que nada hay de misterioso en el mundo, o, por lo menos, de que no lo habrá al cabo de la semana próxima cuando se hayan tomado todas las providencias debidas" (Bentley, 260).

Lo absoluto de la pérdida es consecuencia de una causalidad que, en el fondo, es inescrutable. Los dioses del mundo trágico no son justos, no son buenos, sino que son poderosos. Por eso el héroe carga la culpa en su interior, muchas veces sin saberlo. El verdadero antagonista no es un villano o un ser maléfico, sino la Fatalidad misma: "cuando las causas del desastre son temporales, cuando el conflicto puede ser resuelto con medios técnicos o sociales, entonces podemos contar con un teatro dramático, pero no con la tragedia. Leyes de divorcio más flexibles no podrían modificar el destino de Agamenón; la psiquiatría social no es respuesta para *Edipo*. Pero las relaciones económicas más sensatas o mejores sistemas de cañerías *pueden* resolver algunas de las graves crisis que hay en los dramas de Ibsen (...) La tragedia es irreparable" (Steiner, 13).

Werner Jaeger sintetiza esto asegurando que la experiencia humana ligada al dolor y a la desgracia, consecuencia directa de la *hamartía* que desencadena el ciclo trágico de *hybris, ate* y *apháneia*, no es otra cosa que la manifestación del poderío divino a través del castigo o la arbitrariedad que generan el sufrimiento humano.

Por otra parte, en un análisis que evidencia una gran deuda con el famoso ensayo *Totem y Tabú* (1912-1913) de Sigmund Freud, Jan Kott identifica el tragema -vale decir, el núcleo de lo trágico, su unidad mínima- a imagen y semejanza de las dos grandes prohibiciones que, en término de Freud, posibilitan la existencia de la sociedad: el incesto y el crimen dentro del clan de sangre. En el relato trágico, según Kott, estos tabúes se transgreden trayendo consecuencias que superan el límite de lo humano. *Edipo Rey* (considerado de manera independiente de *Edipo en Colono*) deviene entonces en el mejor ejemplo de lo trágico en tanto condensa de manera evidente las dos violaciones del tragema, transformando al héroe en culpable a pesar de sí mismo, gracias a unas fuerzas que dominan el campo de lo humano y que se evidencian poderosas e insondables. El único desenlace posible, entonces, es la pérdida absoluta.

Pero, además, Aristóteles remarca que la gran virtud de la obra sofoclea radica principalmente en su estructura. No sólo están claramente delimitados los episodios de las intervenciones corales, sino que la peripecia es un devenir de la acción y no fruto de algún acontecimiento externo. Como veremos a continuación, *Tebas Land* retoma para su construcción no sólo la fábula mítica, sino también la estructura trágica.

Para ello, debemos recordar que el borramiento de los límites entre vida y arte que propusieron las vanguardias históricas del siglo XX como fundamento de valor, conllevó la construcción de una gran cantidad de procedimientos articulados alrededor de las nociones de liminalidad y desdelimitación (Dubatti, 2017). El siglo XXI, despojado de las concepciones vanguardistas, refunda los procedimientos. Uno de esos campos liminales es el de las tensiones entre presentación y representación, entre mundo de la empiria y mundo poético, que comienzan a poblar la escena desde 1940 (de Marinis), pero que pueden rastrearse a producciones de diversos períodos históricos, como el caso de la comedia de Aristófanes (Dubatti, 2016). La novedad reside en que los propios teatristas empiezan a crear terminología que pueda identificar a las poéticas con las cuales están trabajando. Así es, por ejemplo, cómo Vivi Tellas va a elegir hablar del UMF (como mencionamos para el caso de Lorca-Gené) según lo define en www.archivotellas.com.ar, de donde se desprende el concepto de biodrama. O Sergio Blanco, quien retomando a Serge Doubrovsky, elegirá el concepto de autoficción pero apropiándoselo y construyendo una nueva noción. La gran característica de esta poética, consiste en que está basada en el principio de pactos de mentira con el espectador y no de pactos de verdad, lo que la diferencia de la autobiografía. Como bien dice Julia Musitano, "las relaciones entre verdad y mentira, ficción y realidad que nunca fueron sencillas de dilucidar, hoy vuelven a complicarse" (Musitano, 103). Según la concepción de Blanco, esta mezcla de relatos reales con relatos ficticios "es uno [mismo] corrido de lugar, poetizado. Uno se trasviste en la autoficción, es uno sin ser uno (...) la autoficción existió siempre. Y está la frase maravillosa de (Arthur) Rimbaud: "yo es otro". La autoficción triunfa cuanto más ficcionaliza y poetiza. La autoficción es correr todo de lugar. Hay una carta muy linda que le escribe (Gustave) Flaubert a un amigo cuando muere su padre en la que le dice que de todo este dolor vas a poder hacer algo. La autoficción tiene mucho de eso, de partir de zonas de un dolor supremo... Estoy pensando también en Hervé Guibert en *Al amigo que no me salvó la vida*, cuando él dice que tenía que aparecer la desgracia (el Sida) para que surgiera el libro. De un trauma llegar a una trama. Yo diría que eso es la autoficción" (Friera, 2017).

Tebas Land comienza entonces con el relato de S. (¿Sergio Blanco?)[9] quien organizará las condiciones de recepción. Allí, luego de dar la bienvenida al público, contará que la puesta es el resultado de un largo periplo que se inició con un pedido del teatro San Martín

---

[9] En la puesta que se hizo en 2017 en Timbre 4 (CABA, Argentina), este personaje estaba a cargo de Lautaro Perotti, quien se presentaba como Lautaro Perotti y luego pasaría a ser simplemente L. Ficha completa de la puesta: Texto: Sergio Blanco / Actúan: Gerardo Otero, Lautaro Perotti / Escenografía: Gonzalo Cordoba Estevez / Iluminación: Ricardo Sica / Fotografía: Fabián Pol / Diseño gráfico: El Fantasma De Heredia / Asistencia de dirección: María García De Oteyza / Prensa: Marisol Cambre / Producción: Maxime Seugé, Jonathan Zak / Coach De Movimiento: Vivi Lasparra / Dirección: Corina Fiorillo.

de Buenos Aires. Rechazada la primera propuesta del dramaturgo, realizará un segundo boceto cuyo tema es el parricidio. Dice S.:

> Cuando les expliqué que mi interés era trabajar con un verdadero prisionero en escena, con un verdadero parricida, lo primero que decidimos con el teatro San Martín fue iniciar todos los trámites a niveles ministeriales y jurídicos para poder trabajar con la presencia de un verdadero recluso en escena (...) De hecho, como ya lo habrán imaginado, ésa es la razón por la cual el dispositivo escénico consiste en esta especie de jaula o enrejado. Fue una de las condiciones que nos pusieron a nivel ministerial (34)

El problema, para el espectador, es que esas condiciones de recepción se verán permanentemente bombardeadas por la incertidumbre de la veracidad de lo que se cuenta.

El esfuerzo de la obra para la construcción de realidad será enorme: lectura de disposiciones ministeriales, expedientes, peritajes, fotos de la escena del crimen, etc. Pero el esfuerzo para evidenciar el artificio tendrá el mismo nivel de intensidad. En primer lugar, gracias al pasaje de la épica a la dramática a través del personaje narrador. En segundo lugar, merced a la explicitación de intertextos entre los que figuran Sófocles, la hagiografía de San Martín de Tours, Pasolini, Dostoievski y Kafka. En tercer lugar, por la voluntad metateatral de S., quien va a crear una *poiesis* en el sentido aristotélico del término, vale decir, como producción y producto. *Tebas Land* tiene como tema la construcción de *Tebas Land*; en la obra nosotros asistimos al proceso de construcción de sí misma. Para eso, la mediación más importante es la del personaje "actor", que se representará a sí mismo[10] y al parricida (Martín Santos). Sirve aquí entonces la aseveración de Musitano de que "afirmar que la autoficción es una mezcla de ficción y realidad nos sirve de muy poco porque distinguir en el discurso realidad y ficción supone estancarse teóricamente en discusiones que no

---

[10] Federico en el original, Gerardo (Otero) en la puesta de Timbre 4

aportaron resultados productivos. Esta oposición se supera en el engendramiento del texto mismo y da como resultado un objeto que modifica lo real y lo imaginario. En este caso, las autoficciones son relatos ambiguos y como tales no se les puede exigir que se sometan a la distinción entre una dimensión y otra. El trabajo que la autoficción realiza con los acontecimientos pasados y verdaderos neutraliza la fuerza de la oposición. Esto -digámoslo una vez más- no se reduce a la mezcla de realidad y ficción: se trata de la afirmación simultánea de ambas dimensiones y la incapacidad explícita de discernirlas" (Musitano, 108).

Esta autoficción o falso biodrama (como finalmente descubriremos), retoma explícitamente la estructura de la tragedia sofoclea en una apuesta por transformar un drama social en una tragedia. No sólo se hermanan ambas obras por el cuestionamiento al parricido (¿es verdaderamente parricida Edipo si no sabe que está matando a su padre? ¿Es parricida Martín, o lo suyo es un acto de legítima defensa?), sino por la estructura.

Tebas Land reescribe la división en 5 episodios con sus intervenciones corales de la tragedia clásica, para construir un relato deportivo según las reglas del básquet. Es así como la obra estará dividida en cuatro cuartos y una prórroga, cuyos contenido y estructura serán tematizados. S. le había pedido a Martín que le escribiera una lista con palabras relacionadas con el básquet, juego al que el recluso era adepto y del cual el dramaturgo poco y nada sabía. Ese listado es el que cierra el Segundo cuarto:

> PRIMER CUARTO. Básquetbol. Juego. Competición. Campeonato. Partido. Encuentro. Período. Tiempo de juego. Tiempos muertos. Tanteo. Puntos. Dobles. Triples. Empate. Saques. Lanzamientos. SEGUNDO CUARTO. Equipo. Quinteto. Entrenador. Jugadores. Base. Escolta. Alero. Pivot. Ala Pivot. Suplentes. Árbitro. Árbitros auxiliares. Anotador. Cronometrador. Comisario técnico. Defensa. Ataque. Com-

pañero. Contrincante. Vencedor. Vencido. Cuerpo. Manos. Brazos. Codos. Hombros. Caderas. Cintura. Piernas. Rodillas. Pies. TERCER CUARTO. Pases. Pase de pecho. Pase de pique. Pase de béisbol. Pase de bolos. Pase de faja o por detrás de la espalda. Pase por encima de la cabeza. Pase alley-oop. Pase con el codo. Pase de mano a mano. Tiros al aro. Tiro jump. Tiro libre. Tiro en bandeja. Tiro volcada. Tiro de gancho. Piques. Pique de control. Pique de protección. Pique de velocidad. Defensas. Defensa individual. Defensa de zona. Defensa mixta. Presión. CUARTO CUARTO. Reglamentación. Infracción. Faltas. Falta personal. Falta de ataque. Falta antideportiva. Falta técnica. Falta descalificante. Agarrar. Bloquear. Empujar. Invasión. Penalización. Sanciones. Saque de fondo. Tiros libres. Eliminación. Descalificación. PRÓRROGA. Cancha. Campo. Medio campo. Círculo central. Medio campo defensivo. Medio campo ofensivo. Perímetro. Línea de fondo. Línea de tiros libres. Línea de tres puntos. Área restringida. Pelota. Tablero. Aro. Red. Vestuarios. Casilleros. Duchas. Gradas. Público. Descanso. Entretiempo. Intervalo. Intermedio. (89)

Como vemos, no es meramente la división en cinco partes lo que la estructura retoma. Cada uno de esos momentos es descripto con las características narrativas de los episodios: introducción (presentación general del juego), anticlímax (presentación de los participantes), nudo (acción, ataque y defensa), clímax (sanciones, consecuencias de la acción), desenlace (descripción de la cancha y salidas).

Pero en el marco de la acción dramática, la estructura trágica es sólo un intertexto constructivo. Las líneas causales se corresponden más bien con una estructura catastrófica, en los términos en que la concibe Rafael Spregelburd.

En la catástrofe, los acontecimientos se aceleran hasta el punto de que los efectos preceden a las causas; y el evento catastrófico deja de ser signo de otro evento y se convierte en pura presencia inexplicable y tensada ante nuestro pensamiento: "El procedimiento en "Romeo y Julieta" es ejemplar en este sentido. ¿Qué es lo que hace que el buen fraile pierda la carta que salvaría a Romeo? Nada. ¿Por qué Julieta despierta en la cripta solo un segundo después (y no antes) de que Romeo se dé muerte? Porque sí. Shakespeare en sus mejores obras inventa un lenguaje solo para provocar certeras incisiones en su corpus de reglas internas" (Spregelburd, 62).

Dentro de esta estructura catastrófica entran algunas coincidencias que dejan de ser meras casualidades para transformarse en significantes, aunque no sepamos qué significan: el recluso es Martín Santos, el encargo de la obra vino del teatro San Martín, a L. el personaje le recuerda a San Martín de Tours. Otro ejemplo: Martín mata a su padre de 21 puñaladas, S. es fanático del concierto N° 21 de Mozart (quien también tenía una relación tortuosa con su padre), pasión que transmite a Martín.

Algunas relaciones de causa-consecuencia se recomponen y se tornan evidentes, como por ejemplo la selección de intertextos a trabajar: las historias de Martín, Edipo, Mozart, Dostoievski y Kafka tienen algo en común. El padre, la muerte del padre y los problemas metafísicos que conllevan.

Otras relaciones causales, sin embargo, sólo se intuyen. Permanecen incompresibles por la evidente falta de información.

Tebas Land se acerca a la tragedia por la vía del drama social. El funcionamiento de una sociedad injusta permite que un padre abuse de su hijo hasta límites impensados. La empatía que establece el espectador con Martín, es consecuencia de reconocer en él a una víctima devenida en victimario, quien asesina a un ser absolutamente despreciable. Pero no es la familia la única institución que le falla a nuestro personaje. En la lista se incluye a la escuela, el sistema judicial, el sistema carcelario, etc. Pero en tanto reflexión metateatral, también le ha fallado a Martín el teatro:

MARTÍN. Yo u otro es lo mismo. Lo que en realidad te interesa es lo que pasó. Lo que hice. Cómo lo hice. Con qué lo hice. Cuántos golpes. En qué lugares. Que te cuente bien la forma en que lo hice. Y también de que te hable de por qué lo hice. Las razones y todo eso… Eso es lo único que te interesa de mí.

S. Pero, ¿qué estás diciendo?

MARTÍN. Y sobre todo, lo que te importa es poder escribirlo bien. Que la gente después diga: ¡qué impresionante! ¡Qué buen libro! Eso es lo único que te interesa. Y que después puedas contar que en realidad lo escribiste viniendo a encontrarte con el asesino. Y que lo escribiste adentro de una cancha. Eso es lo único que te importa. (76)

Como vemos, la obra también reflexiona sobre la institución teatral que, desde hace por lo menos dos siglos, se ha transformado en un arte realizado por y para la clase burguesa. Los integrantes de las otras clases sociales son meros sujetos de observación para la construcción de historias y personajes. "La obra de alguna manera muestra a ese dramaturgo que vampiriza al personaje de Martín. Pero lo vampiriza porque representa a una clase social, de intelectuales, clase media, que de alguna manera, sea por el discurso artístico, poético, clínico, social, intelectual, los utiliza. Al que está al margen de algo, al que está en la periferia, lo traemos al centro de nuestros relatos pero como una forma de buscarle utilidad" (Blanco, 2017).

Pero finalmente S. va a descubrir qué es lo que él tiene para ofrecerle a Martín. El lenguaje. S. le da palabras, le da signos, le da símbolos para que Martín pueda expresarse. Lo va sanando a través del lenguaje. "Es un homenaje de *Tebas Land* al psicoanálisis y al modelo freudeano como sistema de cura, de sanación, de resiliencia, de salvación por medio de la palabra que nos ayuda a representarnos, a reconstruirnos y a relatarnos desde otro lugar" (*op. cit.*).

Hasta aquí, diría Steiner, esto es sólo un problema en el sistema de cañerías.

Pero entonces entra el mito, ese relato breve, simple, al alcance de todos, que contiene una verdad esencial que toca la médula de lo que es la existencia humana. Kartun, en la contratapa del libro, va a afirmar que "el mito es una fruta tentadora que devoramos con su semilla, una mentira con una verdad adentro". La autoficción, entonces, al enturbiar el límite entre lo verdadero y lo falso, termina transformando a *Tebas Land* en tierra de nadie, en un territorio fronterizo que no es un lugar ni el otro y que es los dos al mismo tiempo. Tebas es la verdad y la mentira al mismo tiempo, es ser y no ser al mismo tiempo. Por eso lo que escapa al control del hombre no es sólo la vida, sino también el arte. El procedimiento catastrófico deja lugares de indeterminación en las relaciones de causa y efecto, pero en las que intuimos que, por necesidad, la relación debe existir. No hay casualidades sino causalidades, por más que permanezcan en la penumbra.

La tragedia, diría Blanco, está en que necesitamos construirnos desde las ficciones.

4. La Biblia, territorio universal

Mauricio Kartun estrenó en 2014 *Terrenal. Pequeño misterio ácrata*, en donde volvió a abrevar en la fuente mítica para elaborar un discurso crítico sobre el presente. Ya lo había hecho en su *Tríptico patronal*[11] (entre otras), retomando a la sociedad argentina de principios del siglo XX. Se aleja ahora en el tiempo y en el espacio, para centrarse en la historia de Caín y Abel.

Continuando con lo iniciado en *Salomé de Chacra*, nos encontramos aquí con una fábula bíblica. Si la consideramos en términos míticos es porque trabajamos sobre el supuesto de que, los mitos en los que ya no se cree, pasan a ser puramente artísticos; pero los mitos que conservan un estatus especial en la sociedad son traducidos al

---

[11] Trilogía editada por Atuel (2012) que incluye las obras *El Niño Argentino, Ala de criados* y *Salomé de chacra*.

lenguaje del logos y se enseñan y aprenden de esa forma. Eso es lo que le sucedió a la Biblia en los siglos cristianos (es decir, del V en adelante). Asimismo, vale la pena recordar que las narraciones literarias (y por extensión las teatrales) descienden históricamente de los mitos, es decir, de relatos que por lo general tratan de los actos de los dioses situados *in illo tempore*. Al ser relatos, son potencialmente literarios.

Sin embargo, estos mitos que trascienden el tiempo no son "meras" fábulas. Northrop Frye sostiene que lo primero que hace una ideología es dar una versión de lo que considera relevante en su mitología tradicional, y utiliza esta versión para formar y reforzar un contrato social. Una ideología es por tanto una mitología aplicada. Es por ello que los mitos tienen una función social diferente y distintiva. Esa función es, fundamentalmente, la de contar a la sociedad en la que se desarrollan todo lo que necesita saber sobre sus dioses, su historia tradicional, los orígenes de sus costumbres y su estructura de clase. Y esta función es, justamente, la ideológica.

Al retomar estas estructuras míticas en términos críticos, Kartun opera por medio de la inversión y la reescritura. Si la crítica es el lenguaje que expresa la conciencia del lenguaje, en el caso de los artistas permite su re-invención. Esto sucede porque las estructuras míticas desarrolladas por el teatro no son ahistóricas, sino contrahistóricas: trasladan un tema histórico al tiempo presente y, por consiguiente, modifican o alteran elementos que acentúan los rasgos pretéritos del pasado.

En esta reinvención del mito de Caín y Abel, Kartun no altera la lógica causal de los acontecimientos, sino que se centra más bien en una lectura contemporánea de la "moraleja" cristiana. El castigo a Caín (y por extensión, a todos sus descendientes) ya no es tanto el destierro, sino el capitalismo. Y siendo que somos hijos de Caín...

> Tatita: Destierro, Caín... Vas a andar sin detenerte y no te alcanzará la tierra. Tanto te gusta medir: medirás el mundo en pasos, en pies. Y te afincarás en una tierra un día y harás piedra sobre piedra tu ciudad amurallada, cagueta. Cascote

sobre cascote. Encerrada. Y juntarás capitalito y por guardarlo harás los muros más altos todavía. Y fundarás bienes raíces pero vivirás desarraigado, temblando cada día de pensar en perderlo. Lo tuyo, Caín, será el temblor.

Y por ganar más perderás el sueño. Y si volvieras a encontrarlo tomarás capitalito por la nariz para alejarlo de nuevo y seguir juntando. Y cuando consumido, agotado, de rodillas quieras descansar, te vendrá a visitar el horror. Porque cuando no sumes ni restes ni dividas ni multipliques empezarás a pensar. Y con tal de no pensar preferirás no descansar nunca. Pero nunca. Serás el gran constructor de ciudades. Pero apenas aquerencies en una dejarás a los tuyos y buscarás edificar otra. Y otra.

Caín: Qué lindo, tendré míos...

(...)

Tatita: Amarás más a los inmuebles que a los hombres. Y llevarás adentro el peor de los castigos que alguien puede llevar. Pero el peor de todos: no querrás que te vaya mejor. Querrás que a los otros les vaya peor.

Tiempo

Caín: Entonces... ¿Condena no?

En realidad, no es tanto una condena al capitalismo en sí, sino más bien a ese neocapitalismo salvaje del que Samir Amin sostiene que ha entrado en franca decadencia, lo que implica que el sistema se instale en un "caos permanente" con dos posibilidades de desarrollo:

o bien una transicion hacia el socialismo[12], o bien la catástrofe y el suicidio de la humanidad. En las condiciones tecnológicas en las cuales se encuentra el mundo, sobre todo a partir de la existencia de Internet, la acumulación y la dominación del capital sobre el trabajo están en jaque. El mundo de Caín está en jaque. Pero Abel está muerto. Por lo tanto, el espectador se ve en la obligación de organizar otro esquema de pensamiento que permita salir adelante.

Como han demostrado muchos estudiosos del tema, empezando por Mircea Eliade, la mitología acostumbra a contemplar la historia como una secuencia de repeticiones de modelos o patrones y no de acontecimientos únicos. En este sentido, el nuevo mito kartuniano (si se permite el neologismo) instala el conflicto del presente en el inicio de los tiempos. Pero en la cima de la experiencia teatral, nos encontramos con el mito y la metáfora como dos aspectos de una identidad.

Metáfora y no alegoría.

Si bien la referencia al neocapitalismo salvaje es transparente, la misma estructura de la obra advierte sobre el peligro del lenguaje en la construcción de un accionar y un pensamiento unidireccional. Existe un misterio en las palabras, misterio que no explican las teorías que sólo se basan en la diferenciación lingüística, misterio que no explica un sistema alegórico. Y esto es porque, al decir de Frye, la poesía hace de la fonética un sexto sentido.

Por ese motivo, el malentendido entre lo que Tatita dice y lo que Caín entiende no le atañe sólo a Caín.

> Caín: ¡Misionando! ¡Cumpliendo la misión! El pequeño santuario del trabajo... Obedecí:
> "Maldita la tierra en tu trabajo. Comerás de ella entre fatigas todos los días de tu vida..."

---

[12] Vale recordar que Amin hace una profunda crítica al socialismo soviético. Por lo tanto, así como hablamos de neocapitalismo, también deberíamos hablar de neosocialismo.

Tatita: Cosas de monos. Un eslogan de ustedes. Simios... Ellos la hacen, ellos se la venden.

Caín: ¿Nosotros... los monos?

Tatita: La hacen, la venden y se la creen.

Caín: ¡¿Ganarás el pan con el sudor de tu frente tampoco?! Está en una zamba suya. ¿O no es suya?

Tatita: ¡La música! Yo sólo escribo las músicas, pelele. Notas para hacer bailar. ¡Pulsos!
¡Latidos! ¿Para qué mierda sirve la letra? Para distraer del baile. Para ensuciar las notas con acentos mal puestos. Yo música pura. La música del universo. Yo concierto. Las letras las encajan los monos. Se trata sólo de entender, pero los monos ¡Explicar!. ¡El libro! ¡La palabra!
Cosas de ustedes... Andá reclamale a los monos. Turistas pintando su nombre con brea en las rocas del panorama. Arruinadores del paisaje... Los pongo a girar al pericón y me lo paran para decir relaciones. La música es el contenido, cuándo la van a entender. ¿Qué es la letra?: el plato... La masa de la empanada. Un morrón, que si no lo rellenás de algo es vacío envasado.
Pura cáscara de la nada.

La humanidad entera sería la responsable de que la visión de Caín siga vigente y sea hegemónica. Ante la muerte del Tata Dios ("Yo ya no salgo ni a mirar quién viene. Acá de clavo eterno. Paraíso a la miseria... Ya hice lo mío. Fui naturaleza viva y terminé naturaleza muerta. Un cuadrito al óleo colgado ahí arriba de vista, terminé. Imaginería. A partir de ahora soy ausencia"), la responsabilidad es del hombre. Pero al igual que sucedía en su *Tríptico*..., aquí Kartun tampoco incluye un personaje positivo que instruya y sea ejemplo del camino a seguir. La ausencia (así de Tatita como de Godot) sólo puede ser completada por el espectador, en la asunción de esa responsabilidad.

La nueva versión del mito implica, entonces, una reconversión de la ideología.

Roland Barthes afirmaba que toda lectura seria es una relectura: esto no significa necesariamente una segunda lectura, sino leer desde la perspectiva de la estructura total, una perspectiva que transforma un recorrido entre un laberinto de palabras en una búsqueda dirigida. Búsqueda que, en la obra-palimpsesto que nos convoca, dirige (solamente) hacia la salida, no hacia el nuevo hogar.

Cartografía virtual

Esta coda final se escribe con toda la incertidumbre que impera en el pensamiento sobre el presente inmediato. Lo cierto es que la pandemia, con la exigencia del cierre mundial de los teatros y el adelgazamiento global del convivio, trajo para la teatrología un nuevo desafío.

Las redes sociales devinieron en el único refugio posible para los teatreros que, de muy diversas maneras y modalidades, comenzaron a compartir y comercializar sus trabajos. Pero eso también devino en una serie de críticas del mismo campo teatral que pueden resumirse en la premisa: "el teatro filmado no es teatro".

Internet, que ya tiene casi medio siglo de vida, devino hoy en una nueva cartografía por su relevancia en la vida del ser humano. Si bien el avance de las redes sociales sobre la existencia ya venía siendo problematizado desde hace por lo menos quince años, la avalancha virtual que nos ha condicionado la existencia en estos últimos meses aceleró los usos y el pensamiento sobre los usos.

Pese a las críticas y los desacuerdos, el campo teatral reconoce en la cartografía virtual un lugar de resistencia, de resiliencia, de comunión, a la espera del convivio. Y también reconoce que luego de esto el teatro no puede volver igual que antes. La cartografía virtual es un punto de clivaje, una parada obligada para volver a pensar al teatro desde la teoría y desde la praxis.

En este apartado final nos gustaría mencionar dos casos de teatro en territorio virtual, que no sólo trascienden por su propia modalidad los límites geográficos-territoriales, sino que también conflictúan los territorios ontológicos del teatro al ponerlo en relación con diversas disciplinas neotecnológicas. El tecnovivio anula el acontecimiento teatral; no hay reunión, no hay encuentro de presencias, no hay aquí y ahora. Pero este convivio ausente presenta desafíos que han tenido las más variadas e imaginativas respuestas.

El primer "espectáculo" al que nos gustaría hacer referencia es *Todo que oír*[13], realizado por un equipo artístico que viene trabajando desde 1996 en la ciudad de Tandil, provincia de Buenos Aires (Argentina). Allí existe el Club de Teatro, un espacio de creación, formación y difusión de las artes escénicas. Fundado y dirigido desde sus inicios por Marcela Juárez y Alejandra Casanova, el proyecto ha ido creciendo y consolidándose en el tiempo como un polo cultural.

Marcela Juárez (quien es también profesora de la Facultad de Arte de la Universidad Nacional del Centro) ha creado ahora junto a su colega Guillermo Dillon, de la misma Universidad, un muy original teatro sonoro, primo hermano del radioteatro y creación forzosa del aislamiento por la pandemia.

Juárez ya había experimentado el trabajo con restricciones sensoriales con el ciclo *Nada que ver*, una experiencia de teatro oscuro que, estrenada en 2009, ha tenido diferentes entregas y reediciones a lo largo de la última década.

Estamos ahora en presencia de un trabajo tecnovivial que continúa y profundiza ese teatro ciego original. Se trata del ciclo *Todo que oír*, fascinante realización a la que se accede por Youtube y que hay que escuchar con auriculares y los ojos bien cerrados.

Nos cuenta Dillon que, en el intento de "continuar con el trabajo como docentes e investigadores de teatro en medio del aislamiento social obligatorio, nuestro espacio de teatristas quedó relegado. Reapareció, así, una vieja propuesta de combinar las investigaciones sobre teatro oscuro de Marcela Juárez junto a las manipulaciones tecno-sonoras que produzco y que no habíamos encontrado manera de enlazarlas en un espacio convivial teatral. La abstinencia teatral forzada, inauguró un espacio grupal virtual que -pantallas mediante- recuperó saberes y formas de crear propios. Hoy *Todo que oír* (parafraseando a *Nada que ver*) toma la forma de episodios de relatos

---

[13] Se accede por https://www.youtube.com/watch?v=yamnzYvzIMk

Episodio 1: Dramaturgia Sonora: Marcela Juárez - Guillermo Dillon Voz: Julieta Landivar Sobre un relato de : E. Anderson Imbert Música presentación: Mariano Delaude

Episodio 2: Dramaturgia Sonora: Marcela Juárez - Guillermo Dillon Sobre un relato de : Lucila Baudrix Música presentación: Mariano Delaude

espacializados grabados que convocan a un auditor con auriculares y ojos cerrados, evocando levemente el ritual que tantos espectadores disfrutaron en las 3 ediciones de la obra de teatro *Nada que ver* "[14].

La experiencia de un teatro oscuro modifica profundamente no sólo la relación del espectáculo con los espectadores, sino también la de los espectadores entre sí. La comunidad, la pertenencia a un público, que promueve la identidad colectiva adelgazando la individual, se ve subvertida ante la ausencia del sentido de la vista. Afirma Juárez que "si bien el teatro sensorial en oscuridad postula por un lado un actor coral / colectivo y un espectador individual (ya no un cuerpo público), en este caso la tecnología ofrece una nueva relación: un 'uno a uno'. Se trata de una teatralidad 'al oído' sucedida en el ámbito doméstico y con un espectador singular, aislado en un juego propio de escucha".

Asimismo, el sonido aparece como un objeto manipulable en su triple condición de ícono, índice y símbolo. "Además de todas las consideraciones psicoacústicas del arte sonoro –sostiene Dillon– emerge con la tecnología una dimensión teatral impensada; [los objetos] pueden ser manipulados, deslocalizados, fundidos y transformados con un gran potencial poético".

Como afirmamos previamente, si bien puede establecerse una línea genealógica con el radioteatro, esta propuesta no busca emular o suplir la experiencia teatral ausente, ni transformarse solamente en una experiencia narrativa que construya con el sonido lo que se sustrae del campo visual. Por el contrario, asistimos a una "inmersión sensorial", una experiencia individual intermediada por la virtualidad. Hay por su puesto una construcción de imágenes ilusorias a partir de lo sonoro, pero que se suman a sonidos grabados en distintos contextos que se funden creando paisajes acústicos.

Así como puede vincularse con el radioteatro, esta experiencia también está hermanada con los contenidos ASMR (Autonomous

---

[14] Todas las citas, a menos que se indique lo contrario, corresponde a material y declaraciones facilitados por los artistas a la autora.

Sensory Meridian Response), es decir, por las experiencias placenteras o de euforia de bajo grado generada por estímulos auditivos.

La propuesta apela también, programáticamente, a suspender la mirada. El aislamiento al que nos obliga la pandemia, ha otorgado a las pantallas una supremacía acelerada en nuestro vínculo con el mundo. *Todo que oír* convoca entonces, según Juárez, "a descansar un momento de las ráfagas de imágenes visuales virtuales que recibimos diariamente y que han capturado nuestro espacio sensorial cotidiano".

La segunda obra a la que queríamos referirnos es *APOCALIPSYNC_*[15], otra apuesta al teatro on-line que, si bien nace como un proyecto de espectáculo teatral, encontró la manera de capitalizar las limitaciones de la pandemia. Dicen sus realizadores que "a partir de la situación de pandemia global y a la espera de poder volver al formato escénico, decidimos reinventar el concepto para llevarlo a un formato online. Durante el confinamiento creamos este show en el living de casa, con una luz circular y un teléfono celular. La versión audiovisual de *APOCALIPSYNC_* es un show en sí mismo, pero también es una pequeña muestra de lo que será la versión escénica el día que podamos volver a ocupar las salas teatrales."

Con un Iphone 11 y una luz circular para teléfonos, Luciano Rosso lleva su poética del playback a una nueva dimensión. Ya habíamos visto algo de su trabajo en los bonus tracks, los bises, que Rosso ofrecía en el final de *Un poyo rojo*, que protagonizaba junto a Nicolás Poggi con dirección de Hermes Gaido. Esta obra que se encontraba en el campo liminal entre la danza y el deporte, se mantuvo en cartel entre 2009 y 2016 y, desde 2010 en adelante, Rosso brindaba al público -luego de los aplausos finales y con luz de sala- un número extra. Sentado en un banco de madera, apelando a la gestualidad del rostro y del cuerpo, exploraba la técnica del playback con canciones como *Se dice de mí*, *El pollito pío* o *Eblouie par la nuit*. Siguió expe-

---

[15] Se accede por https://youtu.be/0YZqvDAC7vo
Idea y Realización: Luciano Rosso & Miguel Israilevich. Producción: Jonathan Zak & Maxime Seugé

rimentando con diversas melodías en su canal de Youtube y hoy, con una técnica muy depurada, aborda esta propuesta en donde suma los recursos del videoarte.

Con un alto grado de comicidad, divide a su trabajo en diversas secciones que se van intercalando en las que ya no realiza solamente playbacks de canciones. Ahora también le pone el cuerpo a las voces de diversos actores españoles dedicados al doblaje (extraídas del documental *Voces en imágenes. Un homenaje a los actores de doblaje del cine español* de Alfonso S. Suárez), a un robot femenino y a todo un universo de objetos inanimados. Con gran virtuosismo técnico, Rosso logra danzar con el gesto, danzar con el rostro: "creo que el cuerpo de un intérprete es su herramienta, su instrumento. El cuerpo TODO es una unidad integral capaz de transmitir cosas inimaginables (…) la mayoría de la gente conoce mi rostro y mis gestos pero no conoce mucho más de mi trabajo, o tal vez han visto algo por Internet, pero hace 15 años que me dedico a la actuación, la música y la danza."(Santos)[16]

Poner el cuerpo a voces y sonidos no significa, necesariamente, "explicar" esas voces o sonidos. Muchas veces el trabajo es de contraste, de oposición, generando un efecto cómico por la construcción del personaje.

La poética del playback, tan poco estudiada hasta el día de la fecha, merece un abordaje más sistemático y exhaustivo en el futuro, aunque más no sea para encontrar herramientas que nos permitan pensar espectáculos como éste.

Si bien en los dos casos que abordamos aquí el convivio está forzosamente ausente, el acontecimiento teatral permanece por evocación. Pero ya no es sólo el recuerdo o la añoranza que generan los espectáculos grabados, sino más bien unas experiencias tecnoviviales liminales que, creemos, han llegado para quedarse, multiplicando así

---

[16] Entrevista realizada por Daniel Santos para el diario *La voz del interior*, 06 de julio de 2015.

los recursos del teatro y haciendo estallar los límites -ya estallados- entre las artes.

Estas dos obras hacen detonar no sólo un diseño cartográfico posible, sino la misma ontología teatral. Eso que vemos en la red ¿es teatro? De ser así ¿dónde acontece? ¿es efectivamente la virtualidad, el ciberespacio, un territorio? Claudia Villegas-Silva sostiene que "el tercer espacio y la producción artística en la Red originan nuevas formas que para algunos podrían significar su destrucción" (Villegas-Silva, 247). No obstante, ella observa que este proceso de desterritorialización lejos está de hacer desaparecer el teatro, sino que más bien funda nuevas cartografías, poéticas y procedimientos que deben ser estudiados a la luz de nuevas conceptualizaciones.

En cualquier caso creemos que, como siempre, es Mauricio Kartun, con esa capacidad de condensación metafórica entre la poesía y el arrabal, quien aporta una visión que modaliza la cartografía territorial (en sus tres modalidades) y la novedosa función de la cartografía virtual: "Bueno, a falta de beso a veces se agradece una porno, pero digamos la verdad: boca es boca y pantalla es pantalla. No te quedás haciendo cucharita con la Cicciolina. Lo más hermoso del teatro cuando es bueno, suele venir después. Virtual viene de virtus, la voluntad de hacer algo, por encima de que se lo haga. Al teatro grabado hay que ponerle demasiada voluntad. Un mapa te sirve para imaginar el territorio, pero nadie pasa sus vacaciones entre los límites de una división política, necesitás la playa" (Rapetti).

BIBLIOGRAFÍA

Amin, S. *Más allá del capitalismo senil. Por un siglo XXI no norteamericano.* Buenos Aires: Paidós, 2003.

Arguello Pitt, C. "La lectura manifiesta de la adaptación a la reescritura" en *Cuadernos de Picadero*, N° 30 - Instituto Nacional del Teatro, Argentina, octubre 2016.

Baczko, B. *Los imaginarios sociales. Memorias y esperanzas colectivas.* México: Fondo de Cultura Económica, 1984.

Bal, M. *Teoría de la narrativa (Una introducción a la narratología).* Madrid, Cátedra, 1998.

Barcia, P. L. "Shakespeare en la Argentina (siglo XIX)" en AAVV, *Shakespeare en Argentina.* Universidad Nacional de La Plata, 1966.

Barthes, R. "El teatro griego" en *Lo obvio y lo obtuso. Imágenes, gestos, voces*, trad. Fernández, Barcelona: Paidós, 1995.

---. *Mitologías*, Madrid: Siglo XXI, 2009.

Bauzá, H.F. *El mito del héroe. Morfología y semántica de la figura heroica*, Buenos Aires, FCE, 1998.

---. *Qué es un mito. Una aproximación a la mitología clásica*, Buenos Aires: FCE, 2005

Bentley, E. *La vida del drama.* Buenos Aires: Paidós, 1971.

Blanco, S. *Tebas Land.* Córdoba: DocumentA/ Escénicas Ediciones, 2017.

Bourriaud, N. *Radicante.* Buenos Aires: Adriana Hidalgo, 2009.

Cabrera, H. "Al representar a Lorca resulta inevitable meterse con al amor", diario *Página 12*, suplemento Espectáculos, 22 de octubre de 1998.

Calvino, I. *Por qué leer los clásicos.* Barcelona: Tusquets, 1994.

Caparrón Lera, J.M. *Woody Allen, barcelonés accidental.* Madrid: Encuentro, 2008.

Carlson, M. *The Haunted Stage. The Theatre as Memory Machine.* Ann Arbor: The University of Michigan Press, 2003

Casullo, N. *Modernidad y cultura crítica.* Buenos Aires: Paidós, 1998.

Cavestany, J. "No soy un intelectual", Diario El País, sección Cultura, Madrid, 17 X 1995.

Cosentino, O. *Mi patria es el escenario. Biografía a dos voces de Juan Carlos Gené*. Buenos Aires: Corregidor, 2015.

D´Andrea, P. *Sófocles / Edipo Rey. Una introducción crítica*, Buenos Aires: Santiago Arcos, 2005.

De Marinis, M. *El nuevo teatro 1940-1970*. Barcelona: Paidós, 1998

Dodds, R.E. *Los griegos y lo irracional*. Madrid: Alianza, 1990.

Dubatti, J. (2008) *Cartografía teatral*. Buenos Aires: Atuel, 2008.

---. *Concepciones del teatro*. Buenos Aires: Colihue, 2009.

---. "Pasión por Federico García Lorca", en García Lorca, Federico, *Teatro completo*, 2013, 7-11.

---. *Teatro- matriz, Teatro liminal. Estudios de Filosofía del Teatro y Poética Comparada*. Buenos Aires: Atuel, 2016

---. "Vanguardia / post-vanguardia en la historia del teatro: relación por campos procedimentales y modos de lectura" en *Revista Artescena*, No3, pp. 1-12. Valparaíso: Universidad de Playa Ancha, 2017.

Durand, G. *Lo Imaginario*. Barcelona: Ediciones del Bronce, 2000.

---. *Mitos y sociedades. Introducción a la mitodología*. Buenos Aires: Biblos, 2003.

Easterling. Knox (eds.) *Historia de la literatura clásica de Cambridge*. Madrid: Gredos, 1990.

Eliade, M. *Mito y realidad*, Barcelona, Kairós, 2006.

Esslin, M. "Introducción" en Kott, Jan, *Shakespeare, nuestro contemporáneo*. Barcelona: Alba, 2007.

Friera, S. "El teatro es un espejo oscuro en donde venimos a mirarnos" en el diario *Página 12,* sección *Cultura y espectáculos*, 13 de marzo de 2017.

Frondon, J-M. *Conversaciones con Woody Allen*. Barcelona – Buenos Aires: Paidós Ibérica, 2002.

Frye, N. *Poderosas palabras*. Barcelona: Muchnik, 1996

García Canclini, N. *Imaginarios urbanos*. Buenos Aires: EUDEBA, 2010.

García Gual, C. *La mitología. Interpretaciones del pensamiento mítico*. Barcelona: Montesinos, 1987.

Gené, J. C. *Memorial del cordero asesinado*, con prólogo del autor. Buenos Aires: Celcit, 1990.

---.*Escrito en el escenario (Pensar el teatro)*. Buenos Aires: Celcit, 1996.

---.*El actor en su historia, en su creación y en su sociedad,* en Colección Teoría y Práctica, nro 13. Buenos Aires: Celcit, 2010.

---. *Veinte temas de reflexión sobre el teatro,* en Colección Teoría y Práctica, nro 14. Buenos Aires: Celcit, 2012.

Genette, G. *Palimpsestos*. Madrid: Taurus, 1989.

Gil, L. "Comedia ática y sociedad ateniense", *Estudios Clásicos*, XVIII, 1974, pp. 61-82.

Girgus, S.B. *El cine de Woody Allen*. Madrid: Akal, 2005.

Gómez Lende, S. "Región y regionalización. Su teoría y su método. El nuevo orden espacial del territorio argentino". Revista *Tiempo y Espacio*, núm. 26, 2011, pp. 83-122.

Gómez, L. "Entrevista a Marcelo Savignone: "Creo que Ricardo III tiene la misma capacidad que han tenido las grandes doctrinas para adormecer al pueblo", 2018. En https://www.laprimerapiedra.com.ar/2018/09/entrevista-a-marcelo-savignone-2/

Goncalvez Porto, C. W. *Geografías, Movimientos, nuevas territorialidades y sustentabilidad*. México: Siglo XXI, 2001.

Guillén, C. *Entre lo uno y lo diverso. Introducción a la literatura comparada*. Barcelona: Crítica, 1985

---. *Múltiples moradas. Ensayo de Literatura Comparada*. Barcelona: Tusquets, 1998.

Hernández, Á. "El Grupo Actoral 80: una alternativa para la integración latinoamericana en el teatro", en *Latin American Theatre Review*, Kansas University, 1998.

Hess, John L. "Ionesco Talks of His Latest, 'Macbett'" en *The New York Times*, 18 de enero de 1972, página 22.

Icle, G. "Estudios de la Presencia: modos de investigar en las Artes Escénicas" en *Cuerpo del Drama - Revista de Teoría y Crítica Teatral*, núm. 1, Universidad Nacional del Centro, Tandil, 2012.

Ionesco, E. "Revista N.R.F." Gilbert Chanteau (ed.), abril 1972a

---. *Macbett* en Les Nouvelles littéraires, París: Larousse, 1972b.

Jaeger, W. *Paideia*. México DF: FCE, 1962.

Kott, J. *El manjar de los dioses: Una interpretación de la tragedia griega*, México D.F.: ed. Era, 1970.

---. "Macbett ou l´essence", en *Ionesco, notre contemporain. Autour de Macbett*. Álbum realizado con motivo de las representaciones de Macbett en el Theatre National de la Coline, octubre 1992. París: 2Gallimard

---. *Shakespeare, nuestro contemporáneo*. Barcelona: Alba, 2007.

Lax, E. *Woody Allen: a biography*. Cambridge: Da Capo Press, 2000.

Lesky, A. *La tragedia griega*. Barcelona: Labor, 1966.

Lévi-Strauss, C. *Lo crudo y lo cocido*. México: Fondo de Cultura Económica, 1968.

Linguenti, A. "Yo inventé la palabra biodrama", en revista *Los Inrokuptibles*, Nro 171, año 15., agosto 2012.

Llanos-Hernández, L. "El concepto del territorio y la investigación en las ciencias sociales" en *Agricultura, Sociedad y Desarrollo [online]*, vol.7, n.3, 2010, pp.207-220.

López, M. G. "Obra que lleva a escena horas finales de García Lorca se exhibirá en Taller Siglo XX Yolanda Hurtado" en *Biobio Chile*, suplemento de Arte y Cultura, Jueves 26 septiembre de 2019.

Machado, A. "Quando dramaturgos se encontram: Federico García Lorca, Tulio Carella e Hermilo Borba Filho, entre Buenos Aires e o Recife". Conferencia dictada en el marco de las XXV Jornadas Nacionales de Teatro Comparado, Buenos Aires, 27 de noviembre de 2019.

Mora P. O. *Escrito en el viento. Crónicas de cine*. Medellín: Universidad de Antioquia, 2005.

Musitano, J. "La autoficción: una aproximación teórica. Entre la retórica de la memoria y la escritura de recuerdos". *Acta literaria, (52)*, 2016, 103-123.
https://dx.doi.org/10.4067/S0717-68482016000100006

Orsi, R. *El saber del error: filosofía y tragedia en Sófocles*. Madrid: Consejo Superior de Investigaciones Científicas, 2007.

Pinkler, L. "El Edipo Rey de Sófocles" en Juliá, Victoria [et al]. *La tragedia griega*. Buenos Aires: Plus Ultra, 1993.

Poggi, M. "De problemas a temas en la agenda de políticas educativas". En Tenti Fanfani, E. (compilador), *Nuevos temas en la agenda de política educativa*. Buenos Aires, Siglo XXI, 2008.

Rapetti, A. (2020) "Coronavirus: Kartun, Muscari, Tenconi Blanco y la problemática del teatro en cuarentena" en *La Nación*, suplemento de Artes y Espectáculo, Buenos Aires, 19 de abril de 2020.

Rousset, J. *El mito de Don Juan*. México:, FCE, 1985.

Sánchez, J. A. "La representació d'allò real", en *Radicals Lliure* (DDT 10), Barcelona, 2007, 25-34.

Schickel, R. *Woody Allen por sí mismo*. Barcelona: Robinbook, 2005.

Shakespeare, W. *Macbeth*, traducción, introducción y notas de Rolando Costa Picazo, Buenos Aires: Colihue, 2010.

Sófocles. *Áyax, Las Traquinias, Antígona, Edipo Rey*, introducción, traducción y notas de José Mª. Lucas de Dios. Alianza: Madrid, 2001.

Spregelburd, R. "Procedimientos" en Alberto Ajaka [et. Al.] *Detrás de escena*. Buenos Aires: Excursiones, 2015.

Steiner, G. *La muerte de la tragedia*. Caracas: Monte Ávila, 1991.

Stevanovich, E. "Los hombres hacen todo lo posible para que sus semejantes sean destruidos" en La Nación, sección Cultura, 1974.

Tahan, H. "La profecía pesimista", en *Revista Teatro2*, Teatro San Martín, Bs.As., Año IV, nro 5, abril de 1994 (42-44)

Teatro: Entrevista a Sergio Blanco, por El Crítico Enmascarado: 04 de abril de 2017. http://www.actualidadartistica.com.ar/2017/03/entrevista-sergio-blanco-por-el-critico.html Fecha de consulta: julio de 2020

Tillyard, E.M.W. *La cosmovisión isabelina*. México: Fondo de Cultura Económica, 1984.

Tossi, M. "Estrategias de regionalización en la historiografía del teatro argentino" en *Perífrasis. Revista de Literatura, Teoría y Crítica*, n.o 20, 2019, pp. 45-65.

Vernant, J-P. y Vidal-Naquet, P. *Mito y tragedia en la Grecia antigua,* vol. 1 y 2, Barcelona, Paidós, 2002.

Villegas-Silva, C. *Integraciones: nuevas tecnologías y prácticas escénicas. España y Las Américas.* Chile: Cuarto propio, 2017.

Wunenburguer, J.-J. *La vida de las imágenes.* Buenos Aires: UNSAM, 2005.

Fuentes WEB

http://www.archivotellas.com.ar/

Otras publicaciones de Argus-*a*:

Mary Anne Junqueira
A toda vela
El viaje científico de los Estados Unidos:
U.S. Exploring Expedition (1838-1842)

Lyu Xiaoxiao
La fraseología de la alimentación y gastronomía en español.
Léxico y contenido metafórico

Gustavo Geirola
Grotowski soy yo.
Una lectura para la praxis teatral en tiempos de catástrofe

Alicia Montes y María Cristina Ares, comps.
Cuerpo y violencia. De la inermidad a la heterotopía

Gustavo Geirola, comp.
Elocuencia del cuerpo.
Ensayos en homenaje a Isabel Sarli

Lola Proaño Gómez
Poética, Política y Ruptura.
La Revolución Argentina (1966-73): experimento frustrado
De imposición liberal y "normalización" de la economía

Marcelo Donato
El telón de Picasso

Víctor Díaz Esteves y Rodolfo Hlousek Astudillo
Semblanzas y discursos de agrupaciones culturales
con bases territoriales en La Araucanía

Sandra Gasparini
Las horas nocturnas.
Diez lecturas sobre terror, fantástico y ciencia

Mario A. Rojas, editor
Joaquín Murrieta de Brígido Caro.
Un drama inédito del legendario bandido

Alicia Poderti
Casiopea. Vivir en las redes. Ingeniería lingüística y ciber-espacio

Gustavo Geirola
Sueño Improvisación. Teatro.
Ensayos sobre la praxis teatral

Jorge Rosas Godoy y Edith Cerda Osses
Condición posthistórica o Manifestación poliexpresiva.
Una perturbación sensible

Alicia Montes y María Cristina Ares
Política y estética de los cuerpos.
Distribución de lo sensible en la literatura y las artes visuales

Karina Mauro (Compiladora)
Artes y producción de conocimiento.
Experiencias de integración de las artes en la universidad

Jorge Poveda
La parergonalidad en el teatro.
Deconstrucción del arte de la escena
como coeficiente de sus múltiples encuadramientos

Gustavo Geirola
El espacio regional del mundo de Hugo Foguet

Domingo Adame y Nicolás Núñez
Transteatro: Entre, a través y más allá del Teatro

Yaima Redonet Sánchez
Un día en el solar, expresión de la cubanidad de Alberto Alonso

Gustavo Geirola
*Dramaturgia de frontera/Dramaturgias del crimen.
A propósito de los teatristas del norte de México*

Virgen Gutiérrez
Mujeres de entre mares. Entrevistas

Ileana Baeza Lope
Sara García: ícono cinematográfico nacional mexicano, abuela y lesbiana

Gustavo Geirola
Teatralidad y experiencia política en América Latina (1957-1977)

Domingo Adame
Más allá de la gesticulación. Ensayos sobre teatro y cultura en México

Alicia Montes y María Cristina Ares (compiladoras)
*Cuerpos presentes. Figuraciones de la muerte, la enfermedad,
la anomalía y el sacrificio.*

Lola Proaño Gómez y Lorena Verzero / Compiladoras y editoras
*Perspectivas políticas de la escena latinoamericana.
Diálogos en tiempo presente*

Gustavo Geirola
*Praxis teatral. Saberes y enseñanza.
Reflexiones a partir del teatro argentino reciente*

Alicia Montes
*De los cuerpos travestis a los cuerpos zombis.
La carne como figura de la historia*

Lola Proaño - Gustavo Geirola
¡Todo a Pulmón! Entrevistas a diez teatristas argentinos

Germán Pitta Bonilla
La nación y sus narrativas corporales.
Fluctuaciones del cuerpo femenino
en la novela sentimental uruguaya del siglo XIX
(1880-1907)

Robert Simon
To A Nação, with Love: The Politics of Language through Angolan Poetry

Jorge Rosas Godoy
Poliexpresión o la des-integración de las formas en/desde
La nueva novela de Juan Luis Martínez

María Elena Elmiger
DUELO: Íntimo. Privado. Público

María Fernández-Lamarque
Espacios posmodernos en la literature latinoamericana contemporánea:
Distopías y heterotopías

Gabriela Abad
Escena y escenarios en la transferencia

Carlos María Alsina
De Stanislavski a Brecht: las acciones físicas.
Teoría y práctica de procedimientos actorales de construcción teatral

Áqis Núcleo de Pesquisas Sobre Processos de Criação Artística
Florianópolis
Falas sobre o coletivo. Entrevistas sobre teatro de grupo

Áqis Núcleo de Pesquisas Sobre Processos de Criação Artística
Florianópolis
Teatro e experiências do real (Quatro Estudos)

Gustavo Geirola
El oriente deseado. Aproximación lacaniana a Rubén Darío.

Gustavo Geirola
Arte y oficio del director teatral en América Latina. Tomo I México - Perú

Gustavo Geirola
Arte y oficio del director teatral en América Latina.
Tomo II. Argentina – Chile – Paragua – Uruguay

Gustavo Geirola
Arte y oficio del director teatral en América Latina.
Tomo III Colombia y Venezuela

Gustavo Geirola
Arte y oficio del director teatral en América Latina.
Tomo IV Bolivia - Brasil - Ecuador

Gustavo Geirola
Arte y oficio del director teatral en América Latina.
Tomo V. Centroamérica – Estados Unidos

Gustavo Geirola
Arte y oficio del director teatral en América Latina.
Tomo VI Cuba- Puerto Rico - República Dominicana

Gustavo Geirola
Ensayo teatral, actuación y puesta en escena.
Notas introductorias sobre psicoanálisis
y praxis teatral en Stanislavski

Argus-*a*
Artes y Humanidades / Arts and Humanities
Los Ángeles – Buenos Aires
2021

www.ingramcontent.com/pod-product-compliance
Lightning Source LLC
Chambersburg PA
CBHW020807160426
43192CB00006B/475